28

Da histeria... para além dos sonhos

Fabio Riemenschneider

Da histeria... para além dos sonhos

Casa do Psicólogo®

© 2004 Casa do Psicólogo Livraria e Editora Ltda.
É proibida a reprodução total ou parcial desta publicação, para qualquer finalidade, sem autorização por escrito dos editores.

1ª edição
2004

Editores
Ingo Bernd Güntert e Myriam Chinalli

Assistente editorial
Sheila Cardoso da Silva

Produção Gráfica
Renata Vieira Nunes

Editoração Eletrônica
Valquíria Kloss

Revisão
Luís Carlos Peres

Capa
Ângela Mendes
Imagem da contracapa: detalhe da escultura *"A ascenção de Maria Madalena"*, de Tilman Riemenschneider (1460-1531), Bayerisches Nationalmuseum Munich

Dados Internacionais de Catalogação na Publicação (CIP)
(Câmara Brasileira do Livro, SP, Brasil)

Riemenschneider, Fabio.
  Da histeria — para além dos sonhos / Fabio Riemenschneider. — São Paulo : Casa do Psicólogo®, 2004.

Bibliografia.
ISBN 85-7396-312-3

  1. Freud, Sigmund, 1856-1939 – Psicologia 2. Histeria 3. Psicanálise 4. Sonhos – Interpretação I. Título.

04-3121   CDD-150.1952

Índices para catálogo sistemático:
1. Histeria e teoria dos sonhos : Psicanálise freudiana   150.1952

Impresso no Brasil
Printed in Brazil

Reservados todos os direitos de publicação em língua portuguesa à

Casa do Psicólogo® Livraria e Editora Ltda.
Rua Mourato Coelho, 1.059 – Vila Madalena – 05417-011 – São Paulo/SP – Brasil
Tel./Fax: (11) 3034.3600 – E-mail: casadopsicologo@casadopsicologo.com.br
http://www.casadopsicologo.com.br

Agradecimentos

É muito difícil fazer agradecimentos. Eles são manifestações de gratidão, mas também podem ser malcompreendidos e provocar mágoas. Vou correr o risco. Que me perdoem os ausentes.

Aos meus pais, Willy e Dilma o início de tudo.
A todos que, de alguma forma, torceram por mim.
Aos amigos fiéis de longa data, Primício, Ana Cecília.
A El Cidon e D. Marinéia (Marcão e Mari), que estiveram presentes em momentos importantes de minha vida.
Às pessoas pelas quais me apaixonei, que me trouxeram alegria e sofrimento.
À Gilberto Safra, pela orientação e pelo prefácio.
À Yara, por abrir portas.
Às minhas turmas especiais da Unip, que suportam e acolhem tão calorosamente.
À Luiz Gonzaga, parceiro de grandes projetos.
Às turmas igualmente especiais da Unisa, que me acompanham em tantas propostas.
À Léo, cuja amizade muito me orgulho.
Ao Luer Trio, por ter proporcionado a trilha sonora de momentos muito marcantes de minha vida.
À Dany que, apesar de eventuais distanciamentos, sempre me acolheu.
Ao povo do Subjectum.
À Luciane, que com seu entusiasmo e dedicação possibilitou a publicação deste livro.
À Arlene Glória.
Ao Rock -n'- Roll!!!

Muito obrigado

Dedico este livro a todas as pessoas que passaram por minha vida, que me ofereceram carinho, amizade, amor... e também tristezas. Sem elas não conseguiria ter histórias para contar. Nem uma formação da qual pudesse me orgulhar.

"E o menino triste quer ser um herói"
Mesmo um herói triste
Mesmo um herói triste"

Cazuza (Quarta-feira)

SUMÁRIO

Prefácio, *de Gilberto Safra* 11

Apresentação 13

PARTE I – DA HISTERIA...

Cap. 1 – Primeiros passos: A antigüidade 17

Cap. 2 – Os Conflitos: os Séculos XVI e XVII 29

Cap. 3 – A Razão: o Século XVIII 45

Cap. 4 – Em busca de novas possibilidades: o
 Século XIX 71

PARTE II – PARA ALÉM DOS SONHOS

Cap. 1 – S. Freud e a Psicanálise 109

Cap. 2 – A interpretação dos sonhos 135

Conclusão 177

Referências parte I 185

Referências parte II 191

Bibliografia 197

PREFÁCIO

A Psicanálise surgiu como terapêutica e como investigação. Ao longo de seu trabalho, Freud à medida que ampliava suas concepções sobre as neuroses, reformulava sua teoria sobre o aparelho psíquico e sobre o modo de conduzir o processo psicanalítico. A transferência aparece como o pilar fundamental do trabalho analítico e do método de investigação em Psicanálise. Seja qual for a posição teórica do analista: o trabalho analítico é feito na transferência ou com a transferência. Esse aspecto promoveu um re-posicionamento da perspectiva epistemológica a partir da qual a investigação era realizada até então. Se nas pesquisas, de uma forma geral, têm imperado um modelo epistemológico em que o campo de trabalho organiza-se como uma relação **sujeito-objeto,** em que um sujeito aborda um mundo objetivado e externo, na investigação em psicanálise a perspectiva de trabalho passa a ser sujeito-sujeito, em que o discurso, o gesto, o símbolo, a relação (de acordo com as perspectivas teóricas das escolas de psicanálise) possibilita ou explicita o campo de trabalho com o inconsciente.

O lugar do analista, embasado pela sua análise e pelas suas concepções teóricas sobre a prática psicanalítica constitui uma ética da escuta, da espera, do "estar para" o discurso ou o gesto do analisando deflagrado pela situação analítica.

Temos por esses elementos uma modalidade específica de investigação, diferente daquelas freqüentemente realizadas por outras áreas da psicologia, que utilizam a psicanálise como um recurso interpretativo sem a utilização da ética e da metodologia psicanalítica.

Já temos um bom número de trabalhos acadêmicos em psicanálise realizados nos diferentes graus de titulação (mestrado, doutorado, livre-docência), que nos possibilitam uma visão bastante ampla das modalidades de investigação nessa área de trabalho. Tradicionalmente, afirma-se que três seriam as possibilidades de investigação em Psicanálise: teórica, clínica, aplicada (a psicanálise aplicada seria a modalidade de trabalho que transporta as elaborações psicanalíticas para fora da situação clínica, em direção a outras áreas de conhecimento).

Nesse livro de Fabio Riemenschneider encontra-se o resultado de um trabalho de pesquisa realizado sobre os textos freudianos em que o autor retoma as primeiras formulações sobre a histeria para compreender os alicerces da teoria sobre os sonhos. Dessa forma, ele procura explicitar os primórdios da teorização freudiana sobre o aparelho psíquico, o mecanismo de repressão e a etiologia das neuroses. Este é um trabalho de investigação em Psicanálise teórico. Fabio, além de possibilitar que o leitor possa adentrar-se mais profundamente na construção do pensamento freudiano, apresenta também um modelo metodológico de como realizar uma pesquisa teórica em Psicanálise.

Pelo rigor de sua escrita e pela maneira como Fabio realiza sua investigação, este livro certamente será útil aos estudiosos de Psicanálise e também para aqueles que desejam conhecer modalidades de pesquisa em Psicanálise realizadas em âmbito acadêmico.

Convido o leitor a acompanhar Fabio Riemenschneider nesse caminho de desvelamento dos alicerces do pensamento de Freud!

Gilberto Safra

APRESENTAÇÃO

A histeria chama minha atenção desde um trabalho que realizei no ICHC/FMUSP, que culminou em uma monografia intitulada "A Relação Médico-Paciente histérico", que tinha por objetivo esclarecer tal relação e definir o quanto este tipo de paciente é comum no Hospital Geral.

A partir desta monografia e de meus estudos dirigidos à Psicanálise, ficou cada vez mais evidente a estreita ligação entre a obra de Freud, a histeria e sua história, o que aumentou meu interesse em pesquisar como, partindo desta patologia, ele construiu um modelo de aparelho psíquico, apresentado em "A Interpretação dos Sonhos".

Busco demonstrar que grande parte das inovações descritas por ele, relaciona-se às concepções de histeria desenvolvidas no decorrer da história. Para isso, apresentarei um breve levantamento histórico (Parte I), que permitirá ao leitor situar-se dentro do contexto das concepções de histeria e relacioná-las a alguns dos aspectos levantados à obra de Freud.

A seguir, farei um acompanhamento do percurso freudiano no estudo da histeria (Parte II), desde a visita a Charcot até a publicação de "A Interpretação dos Sonhos". No final de cada capítulo serão realizados comentários que buscam salientar a importância e as principais influências do referido momento em "A Interpretação dos Sonhos".

Ao término das duas partes será feito um comentário final, com valor de conclusão. Desta forma, pretendo demonstrar como a histeria e sua constelação de sintomas permitiu a produção de uma obra como "A Interpretação dos Sonhos".

Parte I

Da histeria...

Capítulo 1

PRIMEIROS PASSOS: A ANTIGÜIDADE

Primórdios*

Melman, em "Novos Estudos sobre Histeria" (1984), diz que no Egito foram encontrados seis papiros que tratavam de Medicina. O mais antigo deles, o "Kahoun" (1900 a.c.), relata distúrbios somáticos e de comportamento observados em mulheres e atribuídos ao sofrimento do útero. Dentre estes estão o de uma mulher que se recusava a sair da cama, lavar-se e se arrumar; outra era "doente da vista" e tinha dores cervicais; uma terceira "sofria dos dentes" e das mandíbulas e não podia abrir a boca; outra tinha dores musculares difusas e nas órbitas. A causa de tais distúrbios era, segundo o papiro, a doença do útero, em que este, em estado de inanição, desloca-se pelo corpo em direção ao alto, contrariando assim o funcionamento dos órgãos.

O tratamento para tais distúrbios consistia em eliminar a subalimentação do órgão, e restituir-lhe a umidade e a gravidade e, desta forma, recolocá-lo no lugar. Para obter tais resultados, utilizavam-se inalações de substâncias fétidas e repulsivas, associadas à fumigações vaginais perfumadas e atraentes.

---

* Para reconhecer as práticas de médicos e especialistas desde a antiguidade no que diz respeito ao tratamento, sintomas e os métodos aplicados na cura da histeria, será feito um resumo, tomando por base o livro "História da Histeria" (1991), de Trillat, com o acréscimo de outros autores citados oportunamente.

Gregos

Na Grécia, em 400 a.c., a filosofia de Platão exerce grande influência na Medicina (como em outras áreas de conhecimento). Para ele, o homem combinava a natureza animal e instintiva com a natureza espiritual, oriunda dos deuses e cabia ao filósofo conhecer e dissertar sobre o lugar e a função dele.

Segundo Platão, a alma é uma dádiva dos deuses e, portanto, imortal; o homem é constituído de vários órgãos e cada um tem uma alma mortal. Define, assim, diferentes graduações de almas, a saber: 1. a alma imortal, que se encontra próxima aos deuses e cuja sede é o cérebro; 2. a alma viril, localizada no tórax e responsável pelo ardor e pela coragem; 3. a alma animal, relacionada com as vísceras, com a alimentação. Para Platão, a região mais baixa é pura animalidade, não obedece à hierarquia das almas e é aí que se encontra a matriz:

> *"Na mulher, o que se chama de matriz, ou útero, é como um ser vivo, possuído de desejo de fazer crianças. Quando durante muito tempo e apesar da estação favorável a matriz permanece estéril, ela se irrita perigosamente; agita-se em todos os sentidos pelo corpo, obstrui as passagens do ar, impede a respiração; mete o corpo, assim, nas piores angústias e lhe ocasiona outras doenças de todas as espécies."* (Platão, "O Timeu")[1]

Para Platão, a distinção fundamental entre o homem e a mulher decorre do fato da mulher ter dentro de si um "animal" sem alma e distante da natureza espiritual dos deuses. Não existindo nelas, portanto, o princípio organizador e funcional dos órgãos, sujeitando-as aos mais diferentes distúrbios.

Hipócrates, contemporâneo de Platão, deu caráter científico à Medicina, desvencilhando-a da religião e da Filosofia. A Hipócrates é atribuído o termo histeria (hyster = útero), porém Trillat (1991) não concorda com tal versão, para o autor: *"A palavra histeria não figura em parte alguma. Ela foi acrescentada por Littré nos subtítulos todas as vezes que Hipócrates consagra um parágrafo à 'sufocação da matriz'"*.[2]

A Medicina de Hipócrates baseava-se na "teoria dos humores"; para ele, o homem era submetido à quaternidade que domina todas as coisas (quatro estações, quatro elementos, quatro pontos cardeais). No homem, a quaternidade aparecia sob a forma de "humores" e cada um destes era relacionado a um órgão específico: 1) o **Sangue**, que se relacionava com o coração; 2) a **Fleuma, Linfa** ou **Pituíta** com o cérebro; 3) a **Bílis Amarela**, com o fígado, e 4) a **Bílis Negra ou Atrabílis**, com o baço.

Para Hipócrates, quando os "humores" estão em equilíbrio (crase) significa saúde, porém, quando ocorre um desequilíbrio (discrasia), instala-se a doença. A tendência natural do organismo é a de restabelecer o equilíbrio por intermédio da "expulsão" dos "vapores" que comprometem a saúde. Tal expulsão se dá por um processo químico, que modifica e coze os "vapores" e permite que estes saiam sob a forma de suor, expectoração, urina, fezes e vômitos; a este processo Hipócrates dá o nome de crise. Do médico se espera que, através de seus conhecimentos, restabeleça a harmonia do organismo.

No tomo VII de suas "Obras Completas", Hipócrates escreve sobre as doenças das mulheres, ou seja, sobre Ginecologia e é aí que aparece o termo "sufocação da matriz"; essa ocorre em virtude da "mobilidade do útero", que busca restabelecer o seu equilíbrio. Esta é a explicação para muitas das doenças femininas como, por exemplo, a supressão da menstruação:

> *"As regras não poderão encontrar saída enquanto a matriz não for reposta em sua condição natural."* (Hipócrates, "Obras Completas")[3]

Para Hipócrates, o útero perde a umidade e se esvazia quando a mulher não mantém relações sexuais; ao se esvaziar, ele perde o equilíbrio, fica mais leve e passa a se deslocar pelo organismo. Na sufocação uterina ocorrem os mesmos mecanismos:

"Esta afecção sobrevém, sobretudo às mulheres que não têm relações sexuais e às mulheres de uma certa idade... Eis o que ocorre: a mulher, por ter os vasos mais vazios que de costume e estando mais cansada, a matriz ressecada pela fadiga se desloca, visto que ela está vazia e leve; a vacuidade do ventre faz com que haja lugar para que ela se desloque. Estando deslocada, ela se joga sobre o fígado, adere a ele e se dirige para os hipocôndrios. Ora, o fígado está cheio de fluido. Quando ela se joga sobre o fígado, causa uma sufocação súbita, interceptando a via respiratória que está no ventre. Por vezes, ao mesmo tempo em que a matriz começa a se jogar sobre o fígado, desce a fleuma da cabeça para os hipocôndrios, dado que a mulher está sufocada; e por vezes, com essa descida da fleuma (ou pituíta, humor frio), a matriz deixa o fígado, retorna a seu lugar e a sufocação cessa... Quando a matriz está no fígado e nos hipocôndrios e produz a sufocação, o branco dos olhos se revira, a mulher fica fria e mesmo, por vezes, lívida. Ela range os dentes, a saliva aflui à boca e ela se assemelha aos epilépticos. Se a matriz fica muito tempo afixada no fígado e nos hipocôndrios, a mulher sucumbe, asfixiada." (Hipócrates, "Obras Completas")[4]

Segundo o autor, os indícios que podem levar ao diagnóstico de histeria são polimorfos, capazes de ocorrer em qualquer parte do organismo, com início brusco e boa expectativa de cura.

Os tratamentos propostos por Hipócrates para estes casos objetivam recolocar a matriz em seu local de origem. Para tal intento, o tratamento é semelhante ao utilizado pelos egípcios: inalação de substâncias fétidas e a aplicação de perfumes na matriz; tal procedimento leva em conta a atração desta por perfumes agradáveis e sua repulsa por odores mal-cheirosos; ou, como na indicação de Hipócrates:

"Se você encontrar a doente sem fala e com os dentes cerrados, introduzir um pessário com a ajuda de uma cânula a fim de enfiar, o mais fundo possível, lã enrolada em torno de uma pluma e embebida em perfume branco egípcio ou perfume de murta ou

de baccharis, ou de manjerona... Deixa-se a lã aplicada com o pessário até que o útero retorne ao seu lugar; isto feito, retira-se a lã. Se, retirada a lã, a matriz sobe de novo, recoloca-se a lã no mesmo lugar do mesmo modo. Sob as narinas, faz-se uma fumegação com raspas de corno negro de cabra ou de corno de cervo atiradas sobre cinza quente para que se produza o máximo de fumaça. A mulher aspirará o odor pelas narinas, o máximo que puder. Mas, o que há de melhor em fumegação é o óleo de foca: colocam-se carvões sobre uma carapaça, cobre-se a mulher, exceto a cabeça, que permanece livre a fim de que o odor entre o mais possível; derrama-se óleo pouco a pouco e a mulher aspira o odor... Eis o que se deve fazer quando a matriz se fixa no alto."
(Hipócrates, "Obras Completas")[5]

O tratamento preventivo proposto por Hipócrates para a sufocação da matriz é o seguinte: para as moças, o casamento; para a mulher casada, o coito; e para a viúva, a gravidez.

Para Trillat (1991), as obras de Platão e de Hipócrates são, na realidade, uma compilação e a organização de antigas crenças de passadas civilizações, entre elas a do Egito.

Latinos

Em Roma, do Século I ao Século III, encontram-se algumas descrições da "doença da matriz"; Celso, enciclopedista famoso e de grande erudição, faz referência à matriz, num tratado de Medicina:

"Nas mulheres, a matriz é sujeita a uma doença violenta. Esse órgão é, depois do estômago, o mais propenso a se afetar ou a afetar o corpo. Esse mal tira por vezes a consciência e provoca queda, como a epilepsia. Ele difere desta por não haver nem reviravolta dos olhos, nem espuma na boca, nem convulsões, mas somente adormecimento profundo." (Celso, "Tratado de Medicina")[6]

Areteu de Capadócia, em 100 d.C., clínico conceituado, deixou uma grande obra, "Tratado dos Indícios das Causas e da Cura de Doenças Agudas e Crônicas", onde estabelece os fundamentos da diferenciação entre as duas; suas contribuições e descrições referentes à patologia são consideradas de grande valor. Nestes escritos, Areteu deu importante contribuição ao estudo da sufocação da matriz:

> "No meio da bacia da mulher encontra-se a matriz, órgão sexual, que se diria quase dotado de uma vida que lhe é própria. Ela move-se, com efeito, por conta própria, aqui e lá na região hipogástrica, depois sobe para o peito, quase sobre o esterno, dirigindo-se ora para o lado direito, ora para o lado esquerdo, sobre o fígado ou alguma outra víscera. Depois, por uma tendência natural, torna a descer para a parte inferior. Nada, numa palavra, de mais móvel e mais errante do que a matriz. Ela também tem seus gostos particulares: gosta dos odores agradáveis e deles se aproxima; detesta e evita os desagradáveis. Em geral, procura ir para as partes superiores, de modo que a matriz é para a mulher como um animal dentro de um animal. Se então acontece dela repentinamente se dirigir para as partes superiores e lá permanecer por algum tempo e comprimir violentamente alguma víscera, a mulher se acha sufocada como num ataque epiléptico, menos pelas convulsões, pois a compressão subitamente causada pela matriz sobre o fígado, o diafragma, o pulmão e o coração, fazem com que a doente pareça sem fôlego e não possa falar. A mesma compressão exercida sobre as artérias soníferas ou carótidas, em conseqüência de sua simpatia com o coração, ocasiona o peso na cabeça, a perda de consciência e o estado comatoso que sobrevém." (Areteu, "Tratado...")[7]

Dentro da concepção de sua obra fica claro que Areteu trata da doença da matriz como sendo aguda e que é fortemente influenciado pela obra de Hipócrates no que se refere à compreensão e ao tratamento da sufocação.

Os tratamentos são semelhantes aos já conhecidos: inalações de substâncias de odores fétidos associados à fumegações perfumadas, lavagens suaves, comprimir a matriz de volta ao seu local de origem e prendê-la com bandagens apertadas, ou esfregar o ânus para expulsar os gases. Nos casos em que a compressão se dá sobre as artérias e provocam perda de consciência, deve-se acordar os doentes provocando-lhes dor, esfregando o seu rosto ou puxando seus cabelos.

Trillat (1991) chama a atenção para o fato de que Areteu faz menção à possibilidade da existência da histeria masculina, chamada por ele de "Catoche", que se manifestaria através da sufocação e da perda da voz.

O autor esclarece que o termo "Catoche" designava, para Hipócrates, a doença cataléptica; e que Aristóteles a utilizava como adjetivo para o ser possuído ou inspirado pelo demônio.

No Século I d.C., Soranos de Éfeso escreve vários tratados, porém, só o "Tratado das Doenças da Mulher" chegou até nós. Era conhecido como o príncipe dos Metódicos, seita que acreditava que toda patologia se refere a um estado de tensão ou de relaxamento. Sendo Ginecologista, Obstetra e Pediatra, Soranos tinha grande conhecimento em anatomia e deixou descrições do aparelho genital feminino; para ele a matriz era presa por uma membrana delgada aos órgãos circundantes; sendo assim, a matriz tem certa mobilidade, mas não tão grande como havia sido pensada até então. Para ele:

"A matriz pode ser erguida ou inclinada lateralmente; quando as membranas se relaxam, ela cai, não porque seja um animal, como alguns o dizem, mas porque ela tem, como as outras partes do corpo, o sentido do tato, contraindo-se pelos adstringentes, relaxando-se pelos emolientes." (Soranos, "Tratado das Doenças da Mulher")[8]

Sendo Soranos um metódico, a sua explicação para esta doença baseia-se na constrição do útero, causada por uma inflamação; a descrição da doença é bastante rica e detalhada:

"As doentes são atingidas subitamente e caem no chão sem voz, com uma respiração difícil e perda dos sentidos. Os dentes entrechocam-se e se tornam estridentes: algumas vezes, um estado de resolução; a região precordial é erguida, o útero subiu e o tórax está inchado; os vasos da face estão túrgidos e distendidos, frios, cobertos de suor; o pulso quase pára de bater, ou é muito lento... Esta afecção uterina tem uma grande afinidade com a epilepsia, por causa da perda da voz e dos sentidos." (Soranos, "Tratado das Doenças da Mulher")[9]

O tratamento para tais sintomas é feito de modo bastante suave; durante a crise, deve-se deixar o doente em ambiente agradável, distender os músculos que se encontram contraídos, aquecer as articulações e dar banhos emolientes.

Após a crise, o tratamento consiste em passeios, recitações, viagens. Soranos discorda dessa terapêutica utilizada até então; para ele, tais tratamentos favoreciam a constrição, piorando o estado do paciente, ao invés de ajudar.

Segundo Trillat (1991), a obra de Soranos põe fim à crença de que o útero era um animal vivo dentro do organismo da mulher; para ele este órgão faz parte do corpo da mulher. Esta mudança de concepção é atribuída por Trillat à ascensão do cristianismo e a sua proposta de liberação das maiorias oprimidas (no caso os escravos e a mulher).

Galeno (131-201) era médico oficial dos imperadores e em seu "Tratado dos Lugares Afetados", um capítulo é dedicado à sufocação da matriz. A grande inovação de Galeno é a negação de que a causa dos sintomas seja a movimentação do útero através do corpo da mulher, como pensavam Hipócrates e Platão. Para ele:

"Platão comparou a matriz a um animal ávido de procriação e que, privado do que ele deseja, causaria desordens em todo o corpo; outros não dizem que ele vaga como um animal, mas pretendem que, ressecada pela supressão das regras, sobe para as vísceras, em seu desejo de ser umedecida. Supor que

a matriz ressecada e ávida de umidade se dirige às vísceras é inteiramente absurdo." (Galeno, "Obras Anatômicas, Psicológicas e Médicas")[10]

Galeno considerava anatomicamente impossível tal movimentação do útero; o que ocorria era que, em função da abstinência e da conseqüente retenção de semente que não tinha como escoar, essa intoxicava o organismo, causando distúrbios nas mais distantes regiões do corpo.

O tratamento era dar vazão à semente, ou seja, o exercício da sexualidade, ou a higiene masturbatória:

"Usando a doente destes remédios aconteceu, em parte por conseqüência do calor destes remédios e em parte pelos toques que a medicação propiciava aos órgãos genitais, sobrevirem contrações acompanhadas, ao mesmo tempo de dor e de prazer, parecidos com as sensações que se experimentam durante o coito, e em conseqüência dos quais ela produziu um esperma espesso e abundante; ela ficou, desde então, livre dos males dos quais se ressentia." (Galeno, "Obras Anatômicas, Psicológicas e Médicas")[11]

Ao propor a retenção de semente como sendo a origem da histeria, Galeno também reconheceu a existência da histeria masculina.

Nesse caso, Galeno relata sobre Diógenes pedindo que uma moça o ajude a se livrar do acúmulo de esperma, que já o incomodava, e teve como resposta *"Dá com a mão livre curso à semente"*.[12]

Trillat (1991) diz que nos próximos mil anos não se falará mais em histeria. A medicina ocidental fica à margem dos acontecimentos históricos, em função das grandes invasões bárbaras e das modificações estruturais na política, na sociedade, na cultura e na religião.

Segundo Cazeto (1993), o imaginário medieval sustenta-se na vontade de Deus e, portanto, todas as suas relações são intermediadas por esta convicção. Uma de suas conclusões sobre o homem medieval é de que existe uma interiorização do divino, que não se restringe somente a determinadas situações, mas é estável e permanente. Deus habita o homem, e mais precisamente sua alma.

Com o estabelecimento do cristianismo, Deus passa a ser o grande médico do corpo e da alma. A afirmação de Santo Agostinho em suas "Confissões" deixa isto evidente ao afirmar: *"Ai de mim! Ó Senhor, tende compaixão de mim! Olhai, eu não escondo as minhas feridas. Vós sois o médico, e eu o enfermo."*[13]

A Medicina, desta forma, era exercida exclusivamente pelo clero, as doenças passam a ser atribuídas à possessão diabólica, o que culminará na Inquisição. No caso da histeria, muitas mulheres são consideradas bruxas, uma vez que o que era diferente do padrão do cristianismo era considerado herético e, por este motivo, algumas vezes elas eram queimadas.

A histeria retornará a interessar à ciência na Renascença e, segundo Trillat (1991), nesse momento os médicos reatarão com a histeria *"por intermédio de um confronto entre teólogos e médicos, confronto do qual a histeria será o teatro"*.[14]

COMENTÁRIOS

Como se pode ver, a histeria é um enigma para os médicos e cientistas há muito tempo. As descrições clínicas encontradas nos papiros egípcios deixam indícios de que os pacientes em questão eram histéricos, em função dos sintomas relatados. A explicação para tais distúrbios era a de que o útero, em estado de inanição, vagava pelo organismo, à procura da umidade e da gravidade perdidas em função de seu estado.

As recomendações médicas iam, desde o casamento, até a aplicação de substâncias perfumadas, que atrairiam o útero de volta ao local de origem.

O que mais chama a atenção nestes relatos é a relação entre os sintomas histéricos e a sexualidade. Quase todos os pensadores falam em movimentação do útero em estado de inanição sexual, ou seja, a sexualidade é uma referência constante e se coloca frente aos diferentes pensadores como um enigma, algo desconhecido e algumas vezes assustador. A sexualidade, principalmente a feminina, é vista como algo que está no interior do ser humano e sobre a qual ele não tem controle.

Tal crença será vista em quase todos os trabalhos posteriores a respeito da histeria, chegando até o Século XIX, e tem grandes semelhanças com os primeiros trabalhos de Freud, em que ele afirma que os sintomas histéricos eram conseqüência da falta de atividade sexual, que acabava por alterar o equilíbrio energético do indivíduo.

Posteriormente, Freud modificará tal convicção, ao desvencilhar a ligação direta entre o fato de se manterem, ou não, relações sexuais e os sintomas histéricos. Porém, a importância dada à sexualidade permanecerá sendo fundamental dentro de sua obra e ocupará lugar de destaque em "A Interpretação dos Sonhos".

Outro dado importante e que tem ressonância, ainda que indireta, na obra de Freud, é a "teoria dos humores", iniciada por

Hipócrates. Para ele, existem "humores" dentro do organismo que, quando em desequilíbrio, tendem a eliminar "vapores" para restabelecer o equilíbrio perdido.

A "teoria dos vapores" será revista e terá grande repercussão no Século XVIII, ápice do neoclassicismo, e ocupará papel de destaque no estudo da histeria em autores como Lange, Highmore, Pomme e Mesmer.

Estes autores têm, na "teoria dos vapores", dos "espíritos animais" e do "magnetismo animal"*, seu modelo de compreensão dos sintomas, que possibilitarão o surgimento do hipnotismo no Século XIX, técnica de grande importância para o jovem Freud, que lhe propiciará os primeiros passos rumo a uma formulação da instância inconsciente.

Embora não se possa encontrar influências diretas deste momento histórico em "A Interpretação dos Sonhos", trata-se de um período importante na medida em que: 1) relaciona os sintomas histéricos à sexualidade; 2) dá origem às primeiras pesquisas sobre a importância de elementos não visíveis no comportamento humano e 3) influencia uma série de trabalhos a respeito dos "vapores" no Século XVIII, que possibilitará o aparecimento da corrente hipnótica do Século XIX.

Na Idade Média o entendimento da natureza humana era baseado no cristianismo e as doenças eram tratadas como sendo fruto de desígnios divinos. Pertence ao clero, portanto, toda tentativa de cura e o que fugia dos padrões do cristianismo era tratado como bruxaria e a histeria encontrava-se neste caso. Portanto, nesta época não ocorreram grandes avanços no estudo dessa patologia.

---

* termos os quais farei referência adiante.

Capítulo 2

Os Conflitos: os Séculos XVI e XVII

Mueller (1978) diz a respeito desta época que: *"Todos os aspectos da vida humana são postos de novo em discussão e nascem as mais diversas pesquisas, que coexistem na medida do possível: teologia, metafísica, física, medicina, anatomia, ocultismo, empreendidas muitas vezes por homens inclinados a essa universalidade da qual Leonardo da Vinci se apresenta como protótipo."*[15]

Outros grandes nomes são bastante característicos do Século XVI, como Francis Bacon, Galileu Galilei, Descartes, Maquiavel, Erasmo, Paracelso, Copernico, Lutero, Calvino e Michelângelo, entre outros.

Para Mueller, no Século XVI *"manifesta-se de súbito uma crise profunda de ruptura com a tradição cristã, traduzida por uma revalorização do homem concreto, por uma tomada de consciência, por vezes explosiva, de suas próprias energias, com o corolário de uma atitude nova em face da natureza, considerada como realidade, cujo conhecimento é essencial para o do próprio homem; e isso numa perspectiva ativista que, levando-o a ver nela uma fonte de poder e de riquezas a explorar, exercer-se-á em detrimento da pura interioridade. A busca da salvação pessoal, fundada na recusa do mundo sensível como tal, é substituída pelo desejo e pela vontade de conhecê-lo e, com isso, a própria concepção que o homem faz de si mesmo, de seu sentido e de seu destino, ver-se-á transformada"*.[16]

Esta coexistência entre o Racionalismo e a religiosidade tem como conseqüência uma produção científica híbrida e contraditória, que busca autonomia e reconhecimento, tal fato é bastante característico deste momento histórico e implica em conflitos além de uma crise do conhecimento institucionalizado, e que tem como maior representante o cristianismo.

Sendo assim, no Renascimento cresce o interesse pelas chamadas "doenças da alma"; as pinturas de Hieronimus Bosch, as obras de William Shakespeare e Miguel de Cervantes, e o "Elogio da Loucura", de Erasmo de Roterdan nos dão uma idéia de como a loucura interessa ao homem renascentista. A este respeito diz Foucault (1975): *"Haverá toda uma literatura da loucura: as cenas de demência no teatro elizabetiano e no teatro francês pré-clássico participam da arquitetura dramática, como os sonhos e, um pouco mais tarde, as cenas de confissão: elas conduzem o drama da ilusão à verdade, da falsa solução ao verdadeiro desfecho. São algumas das molas deste teatro barroco, como certos romances que lhes são contemporâneos: as grandes aventuras das narrativas de cavalaria tornam-se voluntariamente as extravagâncias de espíritos que não mais dominam suas quimeras. Shakespeare e Cervantes, no fim do Renascimento, são testemunhas do grande prestígio desta loucura, cujo reinado próximo tinha sido anunciado, cem anos antes, por Brant e Bosch."*[17]

A Medicina passa a estudar a loucura de modo mais sistematizado, e vários médicos dedicam-se a fazer descrições clínicas, principalmente das melancolias e das manias. Félix Platter (1497-1558), professor de Medicina da Universidade da Basiléia, é tido como precursor da Medicina mental; a partir de seus estudos clínicos em prisioneiros suíços, Platter iniciou uma nosografia que classificava a melancolia, a debilidade mental, a epilepsia, a alienação e os estados de excitação. Embora estas pesquisas tenham retomado o rumo científico, a influência do sobrenatural era muito grande nesta época, e os médicos raramente contestavam tal realidade; as causas das doenças eram atribuídas à ação do diabo e suas artimanhas.

Segundo Mueller (1978), os racionalistas do Renascimento não negavam o aspecto religioso, pelo contrário, participavam dele. Para o autor: *"A nova disposição do espírito, orientada para o mundo e as coisas deste mundo, pactua com as crenças antigas; e como o homem continua, forçosamente, a debater-se sob os golpes do destino, é freqüente recorrer à astrologia e até a magia para desvendar o futuro e influenciar favoravelmente os acontecimentos. (...) É curioso notar que nunca o diabo esteve tão difundido como no momento em que se afirmam as novas exigências racionais. Atribui-se-lhe, muito geralmente, uma seita, por volta de 1460, e por toda a parte se vê feiticeiros e feiticeiras, cuja perseguição é feita em larga escala, enquanto os livros de demonologia se multiplicam até o primeiro terço do Século XVII. Sucedem-se, por toda a parte, os grandes processos de feitiçaria, apoiados pela tortura; e incrível sugestão parece exercer-se sob o império do terror inspirado pela opinião e pelos juízes."*[18]

Os estudos produzidos no Renascimento tiveram como estímulo principalmente o Racionalismo, a Inquisição e sua perseguição ao demônio e às feiticeiras; e, por este motivo, a produção científica deste período tem grande influência da religião, do clero e do pensamento místico.

A ciência tem de enfrentar uma verdadeira batalha para conquistar credibilidade e a histeria desempenha um papel importante, uma vez que seus domínios não estão bem delimitados; a grande questão é: quais as causas para sintomas tão dispersos e diferentes? Histeria, epilepsia, simulação ou possessão demoníaca?

Partindo destas dúvidas, os médicos tentam explicar tais fenômenos de maneira diversa dos teólogos, que defendiam a tese da presença do demônio. Embora no princípio não existisse uma oposição clara ao clero (mesmo por que se isso ocorresse os médicos eram considerados cúmplices do demônio, e sujeitos à mesma pena que o réu), aos poucos o pensamento racionalista vai conquistando importante espaço na sociedade. O médico Jean Wier enquadra-se neste caso; em 1562, ele publica sua primeira obra contra os processos de feitiçaria.

Segundo Mandrou (1979): *"Wier não nega a existência de Satã, nem de seus intentos: conhece os textos sagrados que afirmam sua presença no mundo e não deixa de citá-los, desde o começo de sua obra. Mas retém uma característica essencial a seus olhos: o Diabo é mestre em impostura, em ardis falaciosos, graças aos quais se esforça por perverter a tudo. A partir daí, distingue bem os 'mágicos infames' que fizeram pacto com o demônio, e participam de seus desígnios: estes não são defensáveis (...), e, por outro lado, as infelizes feiticeiras, vítimas de insinuações, imaginações e aparições que lhes suscita o Diabo; é aí que o médico aparece, argumentando largamente sobre o 'humor melancólico', a velhice 'caduca' e sobre as medicações capazes de curar os enfeitiçados e endemoniados. Refutando as interpretações equivocadas das Escrituras, refutando os abusos 'blasfematórios' de exorcismos e do 'mau uso da palavra de Deus', ele deposita confiança no 'médico que seja de boa consciência' para cuidar das 'convulsões, contrações de nervos, melancolia, epilepsia, sufocação e degeneração seminal' a que se reduzem muitas das possessões: e somente quando os medicamentos do facultativo tiverem fracassado, ele apelará ao ministro da Igreja."*[19]

Segundo Mandrou, Jean Wier obteve grande sucesso em sua publicação e, a partir de sua experiência, aprendeu a reconhecer tanto as falhas de médicos "ignorantes", quanto as falsidades de endemoniados simuladores e concluir qual o justo castigo para os possuídos e o melhor tratamento médico para as vítimas infelizes.

Os julgamentos de bruxaria eram freqüentes, os médicos e os religiosos deviam discriminar o que era doença do que era possessão demoníaca; Mandrou (1979) cita o caso de Marthe Brossier, camponesa julgada em 1599 por possessão demoníaca, a partir do diário de Pierre L'Estoile e cujos sintomas se assemelham à histeria:

> *"Martha fez saltos, contorções, convulsões, tons e vozes extraordinárias. Mas tendo sido interrogada pelo Senhor de Marius (teólogo) em grego, e pelo Senhor Marescot (médico) em latim, ela respondeu não poder responder, não estando em lugar adequado para isto."* (L'Estoile, "Diário", 30/03/1599)[20]

Martha Brossier foi então mantida em uma prisão para que seu caso fosse estudado por médicos e teólogos. Para os teólogos, ela estava realmente possuída pelo demônio, uma vez que durante o exorcismo ela mostrava-se:

"Tanto em postura conveniente e com o passo de uma pessoa sã de corpo e de espírito, quanto desfigurada de várias irregularidades, caretas inconvenientes e disformes e de quando em quando agitada e trespassada de muitos movimentos diferentes e furiosos de todas as partes visíveis de seu corpo." (Biblioteca Nacional - França)[21]

Os médicos concordavam no que se referia às características dos sintomas e deram seu parecer científico:

"As agitações que aí observamos não têm nada da natureza das doenças, mesmo daquelas às quais, à primeira vista, se parecem mais; não sendo nem epilepsia, a qual supõe a perda de todo o sentimento e julgamento; nem a afecção que nós chamamos de histéricas, a qual não ocorre jamais sem privação, ou dificuldade de respiração (...).

A insensibilidade de seu corpo durante esses êxtases e fúrias, provadas por profundas picadas de longas agulhas que se lhe deixaram cravadas de parte em parte, nas mãos e no colo e depois retiradas sem que haja feito nenhum fingimento de senti-los, nem pôr nem tirar e sem sinal de dor, a qual sem magia e sem encantamento não se poderia, em minha opinião, suportar sem aparentar, nem pela constância dos mais corajosos, nem pela contumácia dos mais perversos, nem pela apresentação dos mais criminosos." (Biblioteca Nacional - França)[22]

E, finalmente, chegar ao diagnóstico:

"Nós somos compelidos até esse momento por todas as leis do discurso e da ciência, e quase forçados a acreditar ser essa jovem demoníaca, é o Diabo habitante nela o autor de todos estes efeitos." (Biblioteca Nacional - França)[22]

O critério utilizado para a recusa do diagnóstico de histeria é o mesmo formulado na antigüidade, ou seja, não existe a sufocação do útero; descartada também a epilepsia, resta saber se o caso não é uma simulação. Para checar tal possibilidade, uma parte do corpo de Marthe é atravessada por uma agulha para testar a sua sensibilidade à dor; Marthe não só não a sente como também não sangra quando a agulha é retirada. Feitos todos os exames, resta a certeza que não se trata de epilepsia, histeria ou simulação. Trata-se de um caso de possessão, visto que estas áreas de insensibilidade nada mais são do que marcas do diabo. Mandrou (1979) diz que: *"O Diabo torna insensíveis certas partes do corpo; os juízes mandam, portanto, procurar, com a ajuda de longos alfinetes, os pontos nos quais os cúmplices do diabo nada sentem e de onde o sangue não jorra. De tal forma este aspecto faz parte do pacto diabólico que a descoberta da marca tem o valor de uma confissão."* [23]

Mandrou (1979) relata o caso de Madeleine Bavent, na cidade de Louviers. Madeleine era uma freira que tinha algumas perturbações relativas a manifestações convulsivas, que durante algum tempo foram ignoradas. Em 1643, François Picard, bispo de Évreux, traz o exorcismo para Louviers, e após dez dias de investigações condena Madeleine à prisão perpétua. Após algumas acusações envolvendo o antigo bispo e as autoridades legais, o caso toma grandes proporções, tornando-se um escândalo nacional, repleto de casos amorosos, homossexualismo e abortos.

Para analisar este caso é enviado para Louviers uma comissão de eclesiásticos e o médico da rainha-mãe, Pierre Yvelin. A comissão julga que Madeleine realmente está possuída pelo demônio, porém Yvelin não concorda com tal parecer e, a partir de suas experiências com os exorcistas e as supostas feiticeiras, publica um livro que obteve sucesso em Paris, "Examem". Neste livro Yvelin questiona a atuação dos exorcistas. Sobre a atuação dos eclesiásticos nos casos de possessão, Yvelin diz:

"É mais razoável pensar-se que aqueles que divulgam tão temerariamente as possessões não sabem o que pode, sobre os

corpos, um humor melancólico ardente, ou a malignidade de uma semente deteriorada e encerrada de tal forma que não tenha nenhuma saída. Os médicos, neste caso, dispõem de grandes prerrogativas por sobre os eclesiásticos, pois sabem que se o humor melancólico se estagna nos hipocôndrios, desprendem-se vapores e ventos de qualidade maligna o bastante para produzirem todos os efeitos que parecem tão estranhos e extraordinários, por isso que o calor, que trabalha para sujeitá-las, provoca não somente os humores, os vapores e os ventos de diversas formas e as misturas ainda produzem efeitos completamente diferentes, conforme a parte que atacam. E o que não farão se o vapor de uma semente deteriorada no útero vem juntar-se a esse outro humor; não há quase nenhum movimento bizarro na natureza que não possa ser feito após a mistura dessas duas matérias." (Yvelin, "Examem")[24]

Em outro momento Yvelin comenta a respeito da ocorrência dos fenômenos de possessão em mulheres:

"Não desejo atribuir toda essa falta a um embuste; acredito que há algo de errado na imaginação de algumas destas moças, cujo espírito é tão fraco que elas fazem do Diabo o autor do menor acidente que lhes ocorre." (Yvelin, "Examem")[25]

Yvelin salienta a importância que a imaginação exerce na ocorrência dos sintomas da "possessão" e, em outro momento, ressalta a relação entre eles e o sagrado, que dão a impressão de que ele tinha grande conhecimento de tais manifestações. A opinião de Yvelin tem boa acolhida entre alguns médicos; entre eles está Guy Patin, que afirma em correspondência de 1643:

"Em todas possessões modernas não há jamais senão mulheres ou moças: beatas ou religiosas, padres ou monges depois; de forma que não se trata tanto de um diabo do inferno quanto de um diabo da carne que o santo e o sagrado celibato engendrou; trata-se antes de uma metromania ou histeromania de que uma verdadeira demonomania." (Patin, "Cartas")[26]

Apesar das diferentes opiniões que começavam a surgir, principalmente contrárias a interesses religiosos, estes ainda predominavam e era arriscado para qualquer um opor-se radicalmente ao clero; de qualquer maneira, a contribuição dada por estes médicos era a de que certos cuidados "diagnósticos" deviam ser tomados para que se evitassem injustiças.

O julgamento de feiticeiras e as relações entre o conhecimento científico e o religioso permitem o acesso a descrições clínicas que podem ser identificadas com os sintomas histéricos e que guardam grande semelhança com os descritos na Antiguidade, já com algumas novidades.

A origem dos sintomas descritos acima pode ser atribuída a uma doença, a uma simulação ou à possessão demoníaca; a atuação dos juízes objetivava identificar a ocorrência de cada uma destas possibilidades. Mandrou (1979) cita a recomendação do cirurgião de Henrique III, Pierre Pigray, em 1587, para se descobrirem simulações: *"Para julgar exatamente tal disposição e relatá-la fielmente é necessário considerar o enfermo e todos os seus costumes, se estes são melancólicos ou atrabiliários, interrogá-lo sobre vários pontos, mas destra e finamente, porque nem sempre cumpre deter-se na opinião nem na confissão de um melancólico, pois comumente ele diz o que não sabe e pensa ver o que não vê e, ainda que tenha concebido coisas falsas, ele se apega a elas tão firmemente que preferirá sofrer a morte a desdizê-las, tanta força possui o movimento de sua imaginação louca."*[27] Mandrou conclui a citação afirmando: *"É a descrição da célebre dissimulação histérica."*[28]

O grande receio era que o diabo enganasse os juízes; para evitar que isto acontecesse, os acusados eram submetidos a algumas provas. Trillat (1991) relata a prova da imersão, onde se o corpo de uma mulher boiasse na água, comprovava a presença do diabo e era dado o veredicto de bruxaria; por outro lado, se o corpo afundasse, tratava-se da astúcia do diabo tentando enganar os juízes. A tentativa do diabo era bastante conhecida do clero, mas os médicos eram vítimas deste jogo, uma vez que não se encontravam preparados para perceber tais manobras; aproveitando-se desta situação, o diabo fazia crer que a explicação médica era verdadeira, para poder fugir do rigor do clero.

Após a realização dos julgamentos, as pessoas que eram consideradas bruxas eram submetidas a torturas e/ou queimadas; tal situação mudou no final do Século XVII; segundo Trillat (1991): *"nos anos 1660-1670, o tempo dos demonólogos, apologistas da caça às bruxas, já tinha passado. O édito de julho de 1692, assinado por Luís XIV, é considerado como tendo resolvido a questão do crime de bruxaria e, como escreve Robert Mandrou: "A bruxaria definida em 1682 como exploração da ignorância e da credulidade está em vias de 'civilizar-se', no verdadeiro sentido da palavra. Se a bruxaria se 'civiliza', o atributo essencial do diabo vai se 'laicizar' e fornecer o traço dominante da histeria, o poder de enganar."*[29]

Nos julgamentos de pessoas acusadas de relações demoníacas eram chamados especialistas para realizar um "diagnóstico" do réu; inicialmente eram procurados indícios de alguma doença que explicasse satisfatoriamente a ocorrência dos sintomas relatados.

No primeiro caso descrito por Mandrou (1979), chama a atenção o fato do médico relacionar a epilepsia à histeria, para em seguida chegar a um veredicto e novamente os sintomas das doenças são colocados lado a lado. A única diferença entre eles é que no caso da epilepsia ocorre a "perda de todo o sentido e julgamento" sem a "privação" ou sufocação.

Ao fazer tal afirmação, o médico retoma as teses formuladas na Antiguidade. A novidade é que, pela primeira vez, existe uma preocupação com a simulação da paciente; esta pode ocorrer partindo da própria ré, ou ser um estratagema do demônio, para iludir os juízes. Tal constatação é importante, pois uma das características da histeria é a sua capacidade de se parecer com outras doenças e esta é a primeira descrição médica que a leva em conta.

Embora utilize a questão da simulação para descartar o diagnóstico de histeria, a proximidade com que ele trata do assunto pode ser considerada como sendo uma percepção bastante pertinente a seu respeito.

A plasticidade dos sintomas histéricos também aparece de maneira mais explícita nos dizeres de Yvelin do que em qualquer outra descrição feita até então. Na Antiguidade, embora os sintomas fossem descritos como tendo diferentes características, eles ocorriam dentro de determinados limites, ou seja, os limites da mobilidade do útero.

A descrição feita por Yvelin abre novas possibilidades, ao abolir a tese da mobilidade do útero e ao afirmar que *"não há quase nenhum movimento estranho na natureza que não possa ser feito após a mistura de duas matérias".*[30] É forte a influência de Galeno no seu pensamento, quando este fala das conseqüências dos "vapores" no corpo humano e isso explica a multiplicidade de sintomas histéricos mais satisfatoriamente que a mobilidade do útero, que irá aparecer de forma mais consistente no próximo século. Tal mudança propiciará que ocorra um deslocamento do útero para o cérebro como órgão responsável pela histeria, como se verá adiante.

Os estudos dos neurologistas serão influenciados também pela questão da dor; como se viu no caso de Marthe Brossier, a paciente tem uma parte de seu corpo atravessado por uma agulha e não sente dor e nem tem sangramento, o que é sem dúvida misterioso e evidência clara de que a mulher em questão era realmente uma bruxa. Novamente, as pacientes com tais distúrbios são submetidas a procedimentos dolorosos, porém, com uma diferença: na Antiguidade, tais procedimentos tinham objetivos terapêuticos, era buscada a cura do paciente. Por outro lado, no Renascimento, estas condutas tinham por objetivo identificar os motivos de tais sintomas, sem qualquer intenção curativa.

De qualquer maneira, este continua a ser o tratamento dispensado pelos médicos às histéricas na Antiguidade, na Renascença e até os dias de hoje, como será visto mais à frente. As condutas com estes pacientes têm um caráter marcadamente punitivo.

Os diagnósticos eram tendenciosos, sem critérios bem-definidos, e o grande problema era o de dar conta da ameaça do demônio, por isso não se encontram indicações terapêuticas para os que fossem considerados doentes (mesmo porque esses eram minoria).

A solução para o problema da bruxaria é definitivamente resolvido por Luís XIV, embora na prática a perseguição às bruxas tenha terminado por volta dos anos 1660-1670, ao definir a bruxaria como a exploração da credulidade e da ignorância dos outros. Ao tomar tal resolução, o rei define qual é o domínio da bruxaria e, como conseqüência, existe o reconhecimento, ainda que latente, de que as manifestações até então tidas como possessão demoníaca era fruto de uma doença. Este é, na verdade, um grande avanço, pois devolve à histeria sua qualidade de doença, dá ao médico o reconhecimento de que esta é uma área específica de seu conhecimento, não necessitando, portanto, de uma opinião religiosa.

Um dado importante levantado por Trillat (1991) é o de que esta mudança será a tônica da histeria, o poder de iludir. Desta maneira, é possível fazer outra leitura das descrições dos julgamentos, reconhecendo, em muitos deles, a presença da histeria.

COMENTÁRIOS

No Renascimento vão se introduzindo mudanças no que se refere ao conhecimento humano. As novas descobertas científicas e as Grandes Navegações dão outra dimensão ao mundo; o que na Idade Média era certo e definitivo, passa a ser questionado.

O homem europeu passa a ter contato com novos povos, diferentes costumes e realidades e, frente a isso, têm de articular novas convicções e redesenhar seus próprios limites. Em virtude destas mudanças, ocorrem muitas crises e conflitos nesta época, pois, se por um lado forças conservadoras tendem a vê-los como obra do diabo, por outro existem as que procuram compreender e entender o momento vigente.

A igreja reage às novidades de maneira violenta, através da Inquisição, e é justamente esta que motivará um grande número de estudos na Medicina e propiciará o palco de grandes discussões e combates, entre a posição religiosa e o Racionalismo ascendente.

Como foi visto, a loucura tem destaque na cultura desta época, pois é justamente a partir dela que a literatura e a Medicina começam a elaborar os novos limites. A histeria, portanto, se encontra em posição análoga à loucura, já que ambas irão questionar as posições e fundamentos vigentes, deixando evidente a passagem do modelo religioso para o científico. Essa transição é clara, porém demorada e cuidadosa.

A Igreja Católica, frente ao paganismo, a outras culturas, aos movimentos reformistas e ao fenômeno da loucura, reage através da Inquisição, ou seja, é feita uma leitura destas diferentes maneiras de ser, sob a ótica do catolicismo, e o que não correspondia à sua expectativa era considerado demoníaco e condenado. Na Medicina, a Inquisição dá grande impulso às pesquisas, visto que são estudados e descritos minuciosamente vários casos sob suspeita.

No início, tais pesquisas apenas confirmam a hipótese de possessão demoníaca, porém, no decorrer dos anos, os médicos passam a conhecer e definir com mais precisão os casos médicos.

A histeria ocupa papel de destaque nestas descrições, visto que seus sintomas apresentam-se multifacetados e plásticos, além da insensibilidade, perda de mobilidade, convulsões e agitações, que eram muitas vezes entendidos como artimanhas do diabo. Nota-se claramente que os médicos manifestavam-se de maneira cuidadosa em relação à histeria e a Medicina vai aos poucos alargando os seus limites.

No que se refere ao entendimento do mundo e do ser humano, vêem-se claramente duas maneiras distintas e conflitantes debatendo-se ferozmente. De um lado o homem crédulo, que tem em Deus todas as respostas para suas questões e suas necessidades, oriundo da Idade Média. De outro, o emergente Racionalismo, característico do Renascimento e que tem na ciência sua maior força.

Em relação ao entendimento da histeria, o movimento de um pólo para outro é claro, pois, o homem medieval, cheio de certezas, via nela uma manifestação diabólica. O Renascimento questionará tais convicções e, frente às novas condições que surgem e ameaçam a segurança do ser humano, vem a reação do clero, através da Inquisição.

A subjetividade do homem desta época reflete essa situação, ou seja, ele fica dividido entre suas convicções religiosas e a tentativa de entender o mundo que vive de maneira racional. Entretanto, nenhuma destas opções dá qualquer certeza, ao contrário, promove mais dúvidas, receios e medos.

A grande contribuição do Renascimento é a de retomar a ciência como maneira de se entender o mundo. No que se refere à histeria, ela novamente se coloca como um enigma ao saber instituído e possibilita que se realizem vários estudos, que acabam por permitir a preponderância do aspecto científico sobre o divino. A partir daí, ciência e religião passaram a ser duas maneiras distintas de se entender o mundo e o ser humano e o Racionalismo se torna essencial na produção do conhecimento. Ele se desvencilha do cristianismo e promove um retorno à Medicina clássica.

Autores como Hipócrates e Galeno são reestudados e, por este motivo, a "teoria dos vapores" toma novo impulso no entendimento da histeria e de outras doenças. Os médicos que participaram dos tribunais da Inquisição, ao tentar diferenciar os casos de bruxaria dos de doença, buscavam entender os sintomas a partir da ação de movimentos dos "vapores". O desenvolvimento destas teorias acaba por dar origem ao hipnotismo, ponto de partida dos estudos de Freud a respeito da histeria. Com essa evolução, os fenômenos de bruxaria passam a ser explicados pela ciência e o Racionalismo toma grande impulso, acabando por influenciar toda a produção científica do Século XVIII; é a partir desta tradição que Freud inicia suas pesquisas.

Não se pode falar em influência direta dessa época nem sobre Freud nem sobre "A Interpretação dos Sonhos", mas o Racionalismo vitorioso e as "teorias dos vapores", que foram redescobertas nesse século, motivaram inúmeras pesquisas e teorias a respeito da histeria que influenciaram diretamente a obra de Freud.

A importância desse momento histórico para o estudo da histeria é: 1) resgatar a "teoria dos vapores", esquecida durante toda a Idade Média e 2) dar impulso ao Racionalismo, que privilegia a ciência e o uso da razão sobre tudo o que se encontra obscuro e enigmático. Portanto, a importância desse século na produção freudiana é indireta, mas com grandes implicações, uma vez que estimula uma determinada metodologia e uma maneira de se fazer pesquisa.

A grande contribuição dos estudos deste período é a de deixar uma série de hipóteses e teorias a respeito da histeria, que será retomada pelos estudiosos dos séculos XVIII e XIX, de importância fundamental na produção freudiana e que possibilitará o surgimento de uma obra tão particular como "A Interpretação dos Sonhos".

Capítulo 3

A RAZÃO: O SÉCULO XVIII

No século XVIII, afirma Mueller (1978), ocorre o questionamento de temas até então respeitados como as crenças religiosas e as questões políticas e sociais. Figueiredo (1992) utiliza o termo "guerra de consciência" para descrever este momento. para o autor *"... os partidos, facções, igrejas, seitas e bandos se organizavam e combatiam na defesa consciente de convicções religiosas e éticas. Na verdade, o adensamento do 'foro íntimo', conseqüente à dissolução das antigas crenças e lealdade à expansão dos espaços da liberdade individual e à adesão reativa, muitas vezes fanatizada às 'razões da consciência' resultaram, num primeiro momento, numa condição anônima e ameaçadora".*[31]

O questionamento a que Mueller se refere e a dissolução que Figueiredo comenta se darão, principalmente, através da realização de pesquisas concretas, características do Positivismo. Para o autor: *"Caracteriza-se o Século XVIII por um alargamento da curiosidade nos mais diversos domínios e por uma extensão do espírito positivo. Espírito positivo testemunhado pelo impulso que toma a história natural do homem, em detrimento da condição privilegiada que lhe conferia a visão teológica do mundo."*[32]

Para Mueller, no que se refere à Medicina, dentro do espírito positivista se destacam duas escolas de pensamento: uma de tendência mecanicista e outra de caráter sensitivo. A primeira tem em Hermann Boerhaave (1668-1738) seu grande nome. Este holandês estudou Filosofia, Matemática e Teologia, antes de especializar-se em Medicina. Para ele o organismo humano funcionava baseado nas leis da mecânica, visto que em sua constituição estão tanto os elementos sólidos quanto os líquidos. A patologia era, portanto, referida a um destes dois elementos; uma lesão ou espasmo, no caso dos sólidos, ou uma acidez e viscosidade, no caso dos líquidos. Esta escola atribuía aos nervos a transmissão de "humores", ou "espíritos animais" ao cérebro e a distribuição destes de volta ao organismo via corrente sanguínea.

A outra escola tem Friedrich Hoffmann (1660-1742) e Georg Ernst Stahl (1660-1734) como representantes, e para eles os atos vitais dependem da alma sensitiva, que é o princípio imaterial que regula e coordena os processos vitais do organismo. Quando este princípio organizador se enfraquece, ocorrem as doenças e a loucura.

Outro nome importante é o de Albrecht von Haller (1708-1777), poeta, médico, professor de anatomia, cirurgia e Botânica. Suas pesquisas anatômicas reduziram a influência dos "espíritos animais"; sua obra mais importante é a teoria da irritabilidade e sensibilidade e a negação de que somente o córtex seria o responsável pelas sensações e pelos movimentos. Para Haller, toda matéria cerebral era responsável por essas qualidades.

As pesquisas referentes à histeria também passam por tais influências, segundo Trillat (1991), o Século XVIII é um período ao mesmo tempo rico e confuso. Para o autor, não existem muitas alterações do ponto de vista clínico, já que a influência dos autores da Antiguidade continua bastante presente. A questão do Século XVIII não se refere à semiologia, mas sim à nosografia, ou seja, a preocupação dos médicos era se a histeria poderia ser considerada uma doença semelhante às outras, respeitando as mesmas leis naturais. Tal dúvida vem desde a tradição platônica, e a crença de que o útero era um animal incontrolável, dotado de vida própria e independente da vontade da mulher, persiste até o Renascimento, por intermédio da presença demoníaca nos casos de possessão.

Nesta busca de respostas, segundo o autor, prevalecem duas tendências explicativas para a histeria: 1) a Uterina, que é influenciada pelo pensamento de Platão e Hipócrates e retorna através da crença nos "espíritos animais"; Galeno também tem grande influência neste grupo, através de sua explicação toxicológica, que readquire força após as recentes descobertas químicas, físicas e anatômico-fisiológicas. Neste caso, existe uma integração das idéias platônicas, que encontram substrato funcional a partir da obra de Galeno. 2) a Neurológica, que tem, a partir do Século XVIII, grande desenvolvimento com as pesquisas anatômicas, e a descrição mais precisa do sistema nervoso central.

Teoria uterina

As descobertas da física referentes aos "vapores" e suas propriedades, e da química, que passa a isolar e identificar diferentes elementos, influenciaram a Medicina. São então formuladas teorias que reabilitam o que os antigos chamavam de "humores", que têm origem na fermentação de substâncias orgânicas dentro do organismo e que acabam por libertar gases ou "vapores".

Muitos achavam que os "humores" movimentavam-se através do sistema arterial, porém, a descoberta da circulação sanguínea por William Harvey, em 1628, fez com que tal crença caísse por terra. A partir de então, passa-se a crer que os "vapores" deslocam-se através dos nervos; entretanto, a influência da teoria circulatória ainda predomina.

Segundo Trillat (1991), a "teoria dos vapores" tem em Lange, com o seu "Tratado de Vapores" (1689), um grande nome. Para Lange existem fermentos no organismo que provocam a formação de "vapores" e, após a fermentação, estes passam a se movimentar pelo corpo, através dos nervos:

> "Os nervos são os únicos canais que podem transmitir o movimento dos vapores." (Lange, "Tratado dos Vapores")[33]

Para ele, nas pessoas sábias os "vapores" dissipam-se de maneira suave e contínua, não causando alterações de qualquer tipo para a pessoa.

Lange distingue quatro tipos diferentes de fermentos: 1) Fermentos Voláteis, que residem no cérebro e liberam "vapores" que se comunicam com todo o organismo, responsáveis pelos "vapores" que provocam a epilepsia. 2) Fermentos Glandulares, cujos "vapores" relacionam-se às manifestações viscerais. 3) Fermentos Esplênicos, responsáveis pelos "vapores" melancólicos. 4) Fermentos Seminais, relacionados aos "vapores" histéricos.

A maneira pela qual os "vapores" histéricos espalham-se pelo organismo é que vai determinar os sintomas apresentados. Nos homens, os fermentos seminais liberam "vapores" voláteis, que se dissipam antes de chegar ao cérebro e, portanto, não causam sintomas histéricos. Para Lange, a histeria masculina é descartada.

Já nas mulheres, além da liberação de "vapores" voláteis ocorre também a liberação dos mais pesados, que não se dissipam. O acúmulo de sementes, conseqüente à falta de exercício da sexualidade, provoca a fermentação desses "vapores" que, não encontrando maneira de se dissipar, acabam subindo em direção ao cérebro, pelos canais dos nervos. Quando isso ocorre, vários sintomas são apresentados:

"*...eles produzem uma tal inchação e uma tão forte elevação das partes onde estão ligados os nervos, que o diafragma fica por isto comprimido, de modo que parece que o corpo do útero, como uma grande bola, se dirige até esse lugar. Se os vapores se dirigem aos nervos dos pulmões, aí produzem a asma convulsiva. Quando são empurrados em direção aos do coração, produzem a pulsação convulsiva e as palpitações. Quando sobem em direção aos nervos recorrentes, produzem a constrição e a sufocação. Enfim, quando são levados até o cérebro, aí provocam os acidentes mesmos que nós explicamos na epilepsia*". (Lange, "Tratado dos Vapores")[34]

Trillat (1991) chama a atenção para o fato de que, para Lange, os "vapores histéricos" não são observados em mulheres casadas ou em mulheres jovens que mantenham vida sexual ativa; desta forma, o autor condena a abstinência sexual e recomenda exercícios físicos.

Enfim, para Lange, a origem da histeria é uterina. Outros autores defendem a "tese uterina", com poucas variações em relação a Lange, como Jean Varandee e J. Astruco, em tratados dedicados ao tema.

Teoria neurológica

A teoria cerebral da histeria ainda utiliza a noção de "vapores"; esta, porém, não tem origem a partir de um processo de fermentação, como na "teoria uterina", mas sim a partir da transformação de "espíritos animais" em "vapores". A patologia é conseqüência dessa mudança. Trillat (1991) cita a explicação de Nathanael Highmore (1613-1685):

> *"Os espíritos animais são átomos constituindo partículas ígneas, infinitamente pequenas, atenuadas, rarefeitas, exaltadas pelo calor e pela fermentação nas cavidades do coração, transmitidas ao cérebro com o sangue pelas artérias, e lá, passando através da substância do cérebro por meandros diversos e finos riachos, são eliminados pela energia do cérebro, separados do sangue e enviados às partes do corpo por organismos especiais.*
> *Por causa de sua tenuidade ígnea, eles podem penetrar nos corpos mais espessos e mais compactos; por causa de seu calor, podem dilatar suas partes; por causa de sua atividade, passar num instante a todo o microcosmo humano; se eles não fossem temperados pela umidade do cérebro, escapariam bem depressa e produziriam graves perturbações."* (Highmore, "A Histeria nos Séculos XVII e XVIII")[35]

As afirmações de Highmore são bastante influenciadas pela descoberta da circulação sanguínea feita por Harvey e sua explicação a respeito da histeria é baseada mais no sistema circulatório, o sangue é "contaminado" por "espíritos animais", do que na Neurologia:

"Esta doença histérica provém do afluxo demasiadamente abundante de um sangue tênue e flatulento nos vasos do pulmão e do coração." (Highmore, "A Histeria nos Séculos XVII e XVIII")[36]

As descrições clínicas de Highmore decorrem de seu entendimento a respeito da histeria:

"Os pulmões não podem seguir, então, os movimentos do tórax e do diafragma, e o coração também não o pode, apesar das contrações mais freqüentes do sangue que ele contém. Daí, necessariamente a dispnéia e, em seguida, a sufocação; para escapar desse mal, a natureza comanda movimentos destinados a expulsar os espíritos que são abundantes e irregulares e que nós chamamos de convulsivos." (Highmore, "A Histeria nos Séculos XVII e XVIII")[37]

Para Highmore, o cérebro adquire maior importância na histeria, na medida em que é neste órgão que os "espíritos animais" são separados da corrente sanguínea e eliminados através de sua energia. Porém, o seu entendimento praticamente não leva em conta a origem neurológica da histeria.

Em contraposição a Highmore, outros autores, tais como Carlos Piso (1563-1633), o primeiro médico a formular a hipótese neurológica, e Thomas Willis (1621-1675), entendem que a histeria é conseqüência de uma afecção do sistema nervoso.

Entre os neurologistas, está Pomme (1735-1812), que escreveu "O Tratado das Afecções Vaporosas" (1760). Segundo Trillat (1991), Pomme era crítico do empirismo e das condutas terapêuticas desse, principalmente no que se referia à histeria. Desta forma, ele se considerava um dogmático; seu dogma: a causa das afecções nervosas é o endurecimento dos nervos pela evaporação do fluido que serve para lubrificá-los, tornando-se, portanto, ressecados, sem agilidade ou flexibilidade.

Tal dogma explica os vários sintomas nervosos a partir do desordenamento da circulação nervosa, que provoca movimentos e "humores" descontrolados. A terapêutica indicada para estes casos buscava restituir a umidade dos nervos através de procedimentos hidroterápicos, como banhos, umectantes e lavagens, entre outras.

Outro nome de grande importância no estudo da histeria é o de Thomas Sydenham (1624-1689), considerado o Hipócrates da Inglaterra, por retomar algumas das idéias do médico grego, principalmente a de que a alma do homem é constituída por "espíritos animais" que são característicos de cada órgão e, sendo assim, o homem é a "somatória de vários espíritos".

Sydenham faz uma distinção nosográfica entre as doenças agudas e passageiras, que representam dois terços dos casos, e as crônicas, o terceiro terço. Entre as últimas, está a histeria que, segundo ele, refere-se à metade dos casos das afecções crônicas e, conseqüentemente, a um sexto de todas as doenças.

Sobre a histeria, ele chama a atenção para o fato de que esta doença se parece com várias outras e que se deve tomar cuidados especiais para se realizar o diagnóstico diferencial:

> *"Essa doença é um Proteu que toma uma infinidade de formas diferentes; é um camaleão que varia sem fim suas cores... Seus sintomas não são somente em número muito grande e muito variado, eles também têm isso de particular entre todas as doenças, o fato de que não são senão um ajuntamento confuso e irregular; daí resulta que é difícil fazer a história da afecção histérica."* (Sydenham, "Obras Completas")[38]

Segundo ele, as doenças crônicas têm dois grupos: as regulares e as não-regulares. Neste segundo grupo estão a histeria e a hipocondria e, ao fazer tal diferenciação, deixa subentendido que a histeria tem uma especificidade que não é comum a outras doenças.

A "teoria uterina" é abandonada por Sydenham, em favor da "teoria cerebral e dos vapores", o que caracteriza, para ele, a existência da histeria masculina, sob a forma da hipocondria.

Sua maior contribuição vem do reconhecimento que este faz da plasticidade da histeria, como fica claro em sua analogia com o camaleão, ou neste trecho:

"Ela imita quase todas as doenças que correm no gênero humano, pois em qualquer parte do corpo em que ela se encontre, produz imediatamente os sintomas que são próprios dessa parte; e se o médico não tem muita sagacidade e experiência, enganar-se-á facilmente e atribuirá a uma doença essencial e própria a tal ou qual parte dos sintomas que dependem unicamente da afecção histérica." (Sydenham, "Obras Completas")[39]

Sydenham também propõe o diagnóstico diferencial, para que o médico não venha a cometer tais enganos:

"Assim, quando as mulheres me consultam sobre alguma doença cuja natureza eu não saberia determinar pelos indícios ordinários, tenho sempre o cuidado de lhes perguntar se o mal de que elas se queixam não as ataca principalmente quando têm dor ou quando seu espírito está perturbado por alguma outra paixão. Se elas confessam que a coisa é assim, então eu fico plenamente seguro de que sua doença é uma afecção histérica." (Sydenham, "Obras Completas")[40]

Os sintomas histéricos são explicados por Sydenham a partir da desorganização e pelos movimentos irregulares dos "espíritos animais", em que esses passam a se dirigir para várias partes do corpo e causam transtornos, tanto para os órgãos que deixaram, quanto para os quais se dirigem. Como em Highmore, estes espíritos se movimentam através da corrente sanguínea, contaminando, desta forma, órgãos que anteriormente não apresentavam problemas. A histeria é explicada através do aparelho circulatório e seu aspecto neurológico é secundário ainda.

Para o médico, as mulheres são mais propensas à histeria em virtude de sua fragilidade; a terapêutica indicada: fortificar o sangue, utilizando medicamentos à base do ferro, para torná-lo mais sólido e se houver necessidade, fazer uma pequena sangria, para aumentar a concentração do sangue, além de caminhadas. Caso ocorra uma crise histérica, deve-se utilizar artifícios já conhecidos: inalação de substâncias fétidas.

Para Trillat (1991), o fim da era da "teoria dos vapores" se dá com a obra de J. Raulin, "Tratado das Afecções Vaporosas do Sexo" (1758). Embora se refira ao termo "vaporosas", o autor o utiliza mais como uma descrição dos sintomas do que como a origem das afecções nervosas. Raulin questiona qualquer hipótese de que as doenças nervosas sejam fruto de "vapores", "fumaças" e "humores" que vagam pelo corpo, tal como Lange formulou.

Para Raulin, a explicação para tais ocorrências era a paixão. Os excessos emocionais, alegria, tristeza e raiva provocam em pessoas sensíveis descontroles múltiplos. As mulheres, que segundo ele, têm como essência a sensibilidade e cujas fibras são "levadas ao último ponto da delicadeza", são mais propensas a uma "infinidade de sintomas vaporosos"; ele não utiliza o termo histeria. Estes sintomas são resultantes de *"movimentos irregulares ou contra-naturais dos músculos"*.[41]

As causas de tais paixões eram, para Raulin, conseqüência da ociosidade, da vida fútil e sem sentido que levavam as mulheres à não ter controle sobre a própria imaginação e a ser apenas objeto de desejos masculinos. Os sintomas descritos por ele vão desde vertigens, desmaios, inquietações bruscas, acessos repentinos de alegria ou de tristeza sem causa aparente, até movimentos convulsivos e rigidez dos membros.

O neurologista Robert Whytt (1714-1766) descarta de uma vez por todas o termo "vapores". Para ele, tais ocorrências são conseqüência da "Doença dos Nervos" e a referência aos "espíritos animais" não tem como ser sustentada:

> *"Nós não temos senão probabilidades a favor da existência dos espíritos animais. Quanto à sua natureza e suas propriedades, elas são absolutamente desconhecidas... Nós sabemos que os nervos têm a faculdade de sentir e que está igualmente provado que há uma simpatia generalizada agindo sobre todo o sistema nervoso e que há entre as diferentes partes*

do corpo uma simpatia particular muito sensível." (Whytt, "Os Vapores e os Males Nervosos Hipocondríacos e Histéricos")[42]

Trillat (1991) chama a atenção para o fato de que Whytt não sabe exatamente o que vem a ser a simpatia e confessa tal ignorância, o melhor que ele diz a esse respeito é a capacidade dos nervos de transmitir sensações de um ponto a outro. A grande contribuição do autor é a de demolir o argumento da "teoria dos vapores". Após dissecar cadáveres, Whytt descobriu que não existe nenhum espaço disponível para a circulação e movimentação dos "vapores" e dos "espíritos animais". O argumento circulatório da origem dos sintomas da histeria cai por terra, de modo definitivo.

As descrições de Whytt dos sintomas histéricos não trazem grande novidade: medos intensos, vergonha, cólera e desgostos. Outra novidade que aparece agora é o interesse do autor na relação entre a psique e o corpo, pois, embora não tenha escrito nada a este respeito, o seu interesse pelo assunto é registrado.

William Cullen (1712-1790), ao utilizar pela primeira vez o termo neurose, decreta a primazia da Neurologia no entendimento das "doenças da alma". As doenças são explicadas a partir do binômio "contração-relaxamento", já utilizado por Soranos. Sua explicação para a histeria, porém, remete-se a uma origem uterina, que não é explicada pelo médico, ou seja, como pode uma disfunção no útero agir sobre o cérebro?

Em contraposição ao Racionalismo do Século XVIII, que tem em Rosseau e Voltaire seus grandes nomes, está Franz Anton Mesmer (1734-1815), médico de grande sucesso e personalidade polêmica, que freqüentou as cortes suíça e francesa, utilizando técnicas e métodos pouco ortodoxos e muito questionados. Para Figueiredo (1992), Mesmer foi uma das mais curiosas sínteses do Século XVIII, reunindo simultaneamente traços Iluministas e Românticos.

Filho de um coureiro, Mesmer estudou Teologia, Filosofia e Direito. Porém, a astrologia, a alquimia e o ocultismo sempre fizeram parte de seus interesses, além de uma atração bastante forte pela Física newtoniana; em 1760 ele passa a se dedicar à Medicina. Como médico, conquista grande sucesso, porém, suas práticas pouco convencionais acabam por forçá-lo a mudar-se para Paris. A prática clínica de Mesmer baseava-se no magnetismo. Para ele, a doença seria produzida por um desequilíbrio na corrente magnética.

"Do mesmo modo que o Sol e a Lua agem sobre as marés, opera-se um efeito análogo no corpo humano... A força atrativa dessas esferas penetra intimamente em todas as nossas partes constitutivas, sólidas e fluídas, e age imediatamente sobre os nervos, de modo que existe em nosso corpo um verdadeiro magnetismo." (Mesmer, "O Magnetismo Animal")[43]

Para Trillat (1991), a doutrina de Mesmer mistura várias noções de outras áreas do conhecimento, principalmente da Física (eletricidade, óptica e acústica) e da astrologia. Tal mistura faz com que o trabalho de Mesmer seja questionado pela comunidade científica, e por isso, é proibido de publicar artigos e clinicar. Deixa Viena rumo a Paris, onde obtém sucesso e também fracassos e após episódios de depressão, retira-se para o interior da Suíça.

Segundo Trillat (1991): *"Mesmer chegou até nós porque ele entrou recuando e sem o saber na história da histeria. Em primeiro lugar, porque sua descoberta do magnetismo animal tinha a pretensão de reformular a "teoria dos vapores", a dos espíritos animais, sobre a qual repousava a explicação dos fenômenos histéricos e, em razão disso, Mesmer serve de transição entre as teorias vaporosas e a era científica; mas, sobretudo, porque ele deixou atrás de si uma brilhante posteridade de magnetizadores, cujas práticas trarão à histeria uma dimensão fundamental."*[44]

Embora Trillat (1991) chame a atenção para o fato de que as descrições clínicas de Mesmer devem ser lidas com algumas restrições, elas são bastante ricas, principalmente no que se refere ao tratamento a ser realizado. Segundo Trillat, entre 1773 e 1774, Mesmer trata de uma jovem de 28 anos, de temperamento nervoso, e que há dois anos apresentava sintomas convulsivos, febre histérica, vômitos, delírio melancólico e maníaco, crises de rigidez, cegueira, sufocações e paralisias, que duravam vários dias. Mesmer percebe nesta paciente uma periodicidade astronômica, na ocorrência dos sintomas, e procura modificar tal periodicidade através da utilização de ímãs que provocariam uma "maré artificial" e a ocorrência destes sintomas de modo controlado.

Estes ímãs foram manufaturados por um amigo de Mesmer, R. P. Hell, de modo que pudessem ser acomodados sobre o corpo da mulher mais confortavelmente. Após a paciente tomar preparados à base de ferro, ele prendeu um ímã em cada pé e um em forma de coração sobre o peito; a paciente passa a sentir muitas dores percorrendo seu corpo seguindo o eixo dos ímãs. Mesmer aplica então mais dois ímãs sobre os pés da paciente e, pouco a pouco, os sintomas deixam de se manifestar.

Após o êxito desta empreitada, Hell toma para si a paternidade deste sistema e apresenta o seu trabalho em várias comunidades científicas. Mesmer afirma então que o princípio curativo não estava nos ímãs, mas, sim, nele mesmo:

> *"Eu concluía que eu possuía uma qualidade magnética tal qual a dos metais magnetizados. O âmbar friccionado se torna magnético. Porque não teríamos nós esta propriedade?"*
> (Mesmer, "O Magnetismo Animal")[45]

Os fluidos que curaram a paciente não emanavam do metal, mas sim do fluido acumulado em seu próprio corpo e, para provar isto, Mesmer se submete a várias provas, em que o seu magnetismo é colocado em questão.

Segundo Mueller (1978), uma destas comissões era formada por renomados cientistas, entre eles: Benjamin Franklin, Lavoisier e J. I. Guillotin. O veredicto desta comissão é a de que o magnetismo animal não tinha influência para o tratamento de qualquer doença, e que os resultados obtidos por Mesmer deviam-se à imaginação do paciente:

"**Conclusão dos Comissários Encarregados pelo Rei do Exame do Magnetismo Animal**

Os comissários tendo reconhecido que este fluido magnético animal não pôde ser percebido por qualquer de nossos sentidos, que ele não teve qualquer ação, nem sobre os doentes que lhes foram submetidos; tendo-se asseguração de que as pressões e os toques ocasionam modificações raramente favoráveis à economia animal e abalos sempre desagradáveis na imaginação; tendo enfim demonstrado, por experiências decisivas, que a imaginação sem magnetismo produz convulsões e que o magnetismo sem a imaginação não produz nada, concluíram por unanimidade que, na questão da existência e da utilidade do magnetismo, nada prova a existência do fluido magnético animal; que este fluido sem existência é, por conseqüência, sem utilidade; que os violentos efeitos que se observam no tratamento público pertencem ao toque, à imaginação posta em ação e a essa imitação mecânica que nos leva, apesar de nós, a repetir o que impressiona nossos sentidos; e, ao mesmo tempo, eles se crêem obrigados a acrescentar, como uma observação importante, que os toques e a ação repetida da imaginação para produzir crises podem ser nocivos; que o espetáculo dessas crises é igualmente perigoso por causa dessa imitação da qual a natureza parece ter feito uma lei; e que, por conseqüência, qualquer tratamento público no qual os meios do magnetismo sejam empregados não pode ter, com o passar do tempo, senão efeitos funestos."
(Relatório da Comissão Real)[46]

Entre acusações de charlatanismo e falta de ética, é feito um "relatório secreto" da comissão, reservado somente à Luís XVI. Neste, Trillat (1991), chama a atenção para o fato de que são feitas algumas descrições clínicas bastante interessantes; a comissão salienta que existem mais mulheres em crise do que homens e para eles isto se explica a partir do fato de que elas são dotadas de uma sensibilidade difusa, que faz *"com que se tocando em qualquer parte, poder-se-ia dizer que as toca, ao mesmo tempo, em todo lugar"*.[47]

A comissão salienta que a "magnetização" é sempre feita por um homem, através do contato físico; os toques são feitos sobre o hipocôndrio, e mais embaixo, sobre os ovários; tais toques são realizados em movimentos pendulares, que acendem os sentidos das mulheres:

"O rosto se inflama por graus, o olho se torna ardente e é o signo pelo qual a natureza anuncia o desejo. Vê-se a mulher abaixar a cabeça, levar a mão à testa e aos olhos para cobri-los; o pudor habitual vela, sem ela o saber, e lhe inspira o cuidado de se esconder. No entanto, a crise continua e o olho se turva: é um sinal inequívoco da desordem total dos sentidos. As pálpebras se tornam úmidas, a respiração é curta, entrecortada; o peito se eleva e se abaixa rapidamente; as convulsões se estabelecem, assim como os movimentos precipitados e bruscos, ou dos membros, ou do corpo inteiro. Na mulher vivaz e sensível, o último grau, o fim mais doce das emoções é freqüentemente uma convulsão. A esse estado sucedem-se o langor, o abatimento, uma espécie de adormecimento dos sentidos, que é um repouso necessário após uma forte agitação."
(Relatório da Comissão Real)[48]

Surgem acusações de que seria fácil aproveitar-se de mulheres neste estado, principalmente se conhecendo o quadro da crise. Este relatório decreta o fim da prática de Mesmer, mas sua obra continua presente com seus seguidores na Sociedade da Harmonia.

E o que vem a ser, afinal, o magnetismo animal de Mesmer? Este conceito é uma reunião de conhecimentos subjetivos e da física. Para Mesmer:

"A simpatia, a antipatia, a atração e a repulsão, a matéria etérea, a matéria sutil, os espíritos animais, a matéria elétrica e a matéria magnética são somente as manifestações do fluido universal que nos penetra por intermédio dos condutores imediatos que são os nervos." (Mesmer, "O Magnetismo Animal").[49]

Como salienta Trillat (1991), Mesmer passa da física para a metafísica, de modo natural; os conceitos da física são aplicados a uma teoria particular sua. Para ele: *"A vida do mundo só é uma, e a do homem individual é uma partícula desta."*[50]

Mesmer distingue as doenças dos nervos como as em que o magnetismo animal age de maneira imediata e que se caracterizam pelos danos motores, sensitivos e/ou sensoriais, e por crises emocionais e convulsivas.

Do ponto de vista da terapêutica, o magnetismo era utilizado para restabelecer o equilíbrio perdido, ou para favorecer a catarse, a partir da experimentação do sintoma. Se o paciente tivesse crises convulsivas, o médico o induziria a uma convulsão, ou como diz Trillat (1991): *"Ela (a crise) é também o caminho para cura. 'Era preciso', dizia Mesmer, 'curar o mal pelo mal'."*[51] (grifo meu)

Para ele, a crise não é a doença, mas sim uma reação sadia do organismo para se livrar dela. Mesmer define a vida normal do corpo como uma sucessão de "contrações-descontrações" e "constrições-dilatações", em nível muscular, e a doença se oporia a este funcionamento do corpo. Os fluidos manifestam-se sensitivamente, pois esta é a única maneira que eles podem "comunicar" que algo está errado. Esta noção de que a crise é o caminho para a cura e que os sintomas nos revelam as fragilidades do organismo será recuperada no Século XIX.

COMENTÁRIOS

Embora Trillat tenha destacado duas tendências explicativas da histeria, a uterina e a neurológica, percebe-se nelas um movimento ambíguo e incerto em direção a uma compreensão científica, que tem como base a crença na existência de "vapores" que, por sua vez, fundamenta e possibilita que se fale em uma "teoria circulatória da doença".

Se na Antiguidade a sua explicação era "especulativa", com o desenvolvimento científico, e o da Medicina em particular, a origem da histeria foi se aproximando cada vez mais de uma explicação neurológica. A relação entre a histeria e o sistema nervoso vem de longa data, a partir da semelhança dos seus sintomas com a epilepsia e das menções feitas por diferentes pesquisadores (Hipócrates em 400 a.c., Celso no Século I, Areteu de Capadócia, também no Século I, Lange no Século XVII, entre outros).

Segundo Trillat, no Século XVIII a ascensão da histeria do útero para o cérebro tem importantes conseqüências. Para o autor: *"A histeria, deixando o antro obscuro da fornicação, o lugar do prazer e do pecado, vai se dessexualizar. Tendo escolhido domicílio no órgão nobre do pensamento, ela vai se policiar, adquirir boas maneiras, tomar de empréstimo as expressões que convém às mulheres da sociedade."*[52]

Tal mudança é bastante influenciada pelo desenvolvimento da ciência e dos costumes da época; o Racionalismo intermediava também as relações humanas, Segundo Ranun (1991): *"Os contemporâneos entendiam que um indivíduo era levado a manter relações cada vez mais íntimas com o outro em função dos afetos do corpo, que se originavam no coração e no equilíbrio entre os 'humores' e os 'espíritos'. A amizade íntima é uma forma de amor, de um amor cujas afeições e paixões são contidas pela razão, ou seja, pela mente."*[53] (grifos meus)

Neste período, o homem vai cada vez mais se desvencilhando do instintual, do primitivo, rumo a um ideal racionalista de autocontrole. A explicação da histeria também segue este rumo e a adoção da teoria neurológica em detrimento da uterina reflete, de maneira exemplar, tal mudança. Esta não ocorreu de imediato e sim gradualmente. Pode-se dizer que houve uma teoria explicativa da histeria, intermediária entre a uterina e a neurológica: a circulatória.

Baseia-se na existência de "vapores" (ou "humores", ou "espíritos animais"). Tal crença tem como precursor Platão, que faz referência à alma animal e incontrolável que habita o baixo ventre, mais especificamente o útero, e se movimenta através do corpo. Mais tarde, Galeno descreve a histeria de um ponto de vista toxicológico, a partir de um acúmulo de semente no organismo, que acaba por se dirigir a outras partes, atrapalhando o funcionamento normal dos órgãos atingidos.

Na Renascença, Yvelin atribui a histeria à "vapores" de sementes apodrecidas que circulam pelo corpo. Para estes pensadores, tais movimentações se dão através da corrente sanguínea. A descoberta da circulação sanguínea por William Harvey, em 1628, invalidaria tal tese.

Lange dá à "teoria dos vapores" mais sofisticação e consistência, ao afirmar que esses se originam a partir de fermentos específicos de cada órgão, que os provocam e que se movimentam através dos nervos. Apesar de tal modificação, a explicação que Lange dá à histeria é uterina, com grande influência de Galeno. Os fermentos seminais acabam por se acumular quando não existe o "exercício" da sexualidade e formam os "vapores" que se dirigem ao cérebro e, neste caminho, vão comprimindo vários órgãos e causando os mais diferentes sintomas. Lange propõe que se dissipem tais "vapores" através da atividade sexual.

Nesta concepção, a sexualidade é a grande responsável pela ocorrência dos sintomas histéricos no entendimento da maior parte dos estudiosos; de uma maneira ou de outra, todos se referem à falta de relações sexuais como sendo o principal motivo para a movimentação do útero, do acúmulo de sementes ou da liberação de "vapores".

É importante notar que existe uma grande discussão a respeito da sexualidade, que será essencial para Freud, uma vez que ele retomará esta questão. Em um primeiro momento, relaciona os sintomas histéricos à falta de relações sexuais e, posteriormente, de um outro ponto de vista, questionando-a enquanto sendo unicamente um processo fisiológico e privilegiando seu caráter psíquico e simbólico. É a partir do momento em que Freud entende a sexualidade desta maneira que lhe é possível escrever uma obra como "A Interpretação dos Sonhos".

A teoria da histeria, de Lange, guarda muitas características das que foram formuladas na Antiguidade, principalmente quando se fala dos "vapores", mas também traz avanços rumo a um entendimento neurológico da doença. A formulação de Lange é circulatória, pois é partir do movimento dos "vapores" através dos nervos que aparecerão os sintomas.

Highmore é um dos primeiros a falar que o cérebro é o órgão responsável pelos sintomas histéricos. Para ele, os sintomas eram conseqüência dos "espíritos animais" que, por serem muito leves, acabavam por chegar à circulação sanguínea e, a partir daí, ao cérebro. Em Highmore está presente a concepção de que os "espíritos animais" se movimentam através da circulação sanguínea, ou seja, existe um retorno à idéia de "vapores" e "humores". Não se pode afirmar, portanto, que ele tenha sido um adepto da teoria neurológica, uma vez que o cérebro tem a função de organizar a atividade dos espíritos para que estes não interfiram no funcionamento dos órgãos. Sua explicação para os sintomas privilegia o aparelho circulatório.

A histeria é, para ele, proveniente de um excesso de "sangue tênue e flatulento" e, novamente, a influência de Galeno é marcante.

Pomme acreditava que as doenças nervosas deviam-se ao endurecimento dos nervos que, após a perda de sua umidade natural, perdiam sua flexibilidade e tornavam-se quebradiços, interferindo assim diretamente na circulação, provocando os sintomas. Como se pode ver, a teoria circulatória outra vez está presente.

Em Sydenham, os espíritos movimentam-se pela corrente sanguínea, contaminando desta forma os vários órgãos. Para Trillat, Sydenham abandona a "teoria uterina" ao unificar a histeria e a hipocondria sob um mesmo teto e referir-se a esta última como sendo a histeria masculina, tal constatação não fica clara no texto de Trillat.

As contribuições de Sydenham vêm de suas descrições clínicas, que salientam o aspecto camaleônico e plástico da histeria, de sua preocupação com o diagnóstico diferencial e a maneira como este é feito. Para se chegar a um diagnóstico, ele alerta para que se leve em conta as paixões e as fortes emoções, o que parece ser o início de uma visão que não seja unicamente organicista.

A teoria circulatória da histeria tem profunda relação com a noção de "vapores". Esses, formados no útero ou no cérebro, manifestavam-se a partir de sua movimentação no organismo, seja através da circulação sanguínea (Highmore, Sydenham), seja através dos nervos (Lange, Pomme).

Por este motivo, torna-se difícil sustentar a existência de duas teorias explicativas organizadas e claramente distintas uma da outra, as duas estão misturadas e cada autor tem progressos e retrocessos em suas formulações. A única característica que guardam entre si vem do fato de que, em ambas, os sintomas percorrem o organismo através de um aparelho circulatório.

A importância destas teorias reside no fato de que é a partir da evolução destes estudos que surgirão as correntes hipnóticas do Século XIX, que darão impulso ao estudo da histeria.

Para Trillat, o fim da era dos "vapores" se dá a partir de J. Raulin, em 1578, que contesta Lange e sua teoria; Raulin utiliza o termo "vapores" para caracterizar os sintomas em sua plasticidade e mutabilidade. O autor tem grande importância por relacionar os sintomas da doença com o seu estado emocional, ou seja, alegrias, intensas tristezas entre outros, abrindo novas possibilidades não-organicistas para o entendimento da histeria, levando a questão da influência dos afetos e das emoções e suas associações com os seus sintomas.

A "teoria dos vapores" tem importância indireta na obra de Freud. A partir desta, é que irá se desenvolver a "teoria mesmeriana" do magnetismo animal e, esta, sim, pode ser considerada uma influência direta, uma vez que daí surgirá o hipnotismo, técnica utilizada por Freud no início de sua carreira.

A passagem de um entendimento uterino para um entendimento neurológico dá aos neurologistas a prioridade no estudo da histeria e é aí que se encontram os grandes avanços deste século e do próximo. Nomes como Charcot, Babinski, Breuer e o próprio Freud ilustram bem esta importância, na medida em que estes autores têm, na Neurologia, uma metodologia para realizar uma leitura racionalista dos fenômenos histéricos e, desta maneira, propiciar avanços na área da hipnose e da sintomatologia histérica.

Com o fim da "teoria dos vapores", a histeria começa a ser encarada como um problema social e passa a ser pesquisada por especialistas dos costumes ao invés de médicos, mas ainda tem importância para o seu estudo, como se pode ver neste verbete da Enciclopédia de Diderot:

> *"Os vapores atacam, sobretudo, as pessoas ociosas que se fatigam pouco com o trabalho manual, mas pensam e sonham muito: as pessoas ambiciosas, que têm o espírito vivo, empreendedoras e muito amantes dos bens e das comodidades da vida, as pessoas de letras, as pessoas de qualidade, os eclesiásticos, os devotos, as pessoas esgotadas pela devassidão, as mulheres ociosas e que comem muito... Muitas pessoas pensam que essa doença ataca o espírito mais que o corpo e que o mal jaz na imaginação. É preciso confessar, com efeito, que a primeira causa é o tédio e uma louca paixão, mas que, de tanto atormentar o espírito, obriga o corpo a se pôr de lado; seja na imaginação, seja na realidade, o corpo é realmente afetado."* (Diderot, "Enciclopédia")[54]

A definição de "vapores" de Diderot aponta para um tipo de vida ocioso, criativo, imaginativo, fala de pessoas ambiciosas, cultas, entre outras características, que são bastante valorizadas no período que está por vir, o Século XIX. Chama a atenção a maneira como neste momento existem inúmeras teorias que têm o mesmo fundamento e raciocínio, ou seja, a existência de "humores", "vapores" e espíritos que se movimentam pelo organismo, causando os mais variados sintomas. O que muda nestas teorias é a maneira pelo qual eles se movimentam.

Entretanto, com o desenvolvimento científico, fruto do Racionalismo positivista da época, muitas destas teorias perderam sua sustentação e este mesmo pensamento foi o grande motivador de novas pesquisas e tentativas de se entender um fenômeno tão enigmático e é Mesmer que retoma a histeria e dá novo fôlego para a "teoria dos vapores".

A obra de Mesmer demonstra as inquietações do período da passagem do Século XVIII para o Século XIX; a busca da cientificidade Iluminista se mistura às questões levantadas pelo Romantismo e em alguns momentos, Mesmer escreve como em um diário particular, narrando todo o sofrimento e dor pelos quais passou no decorrer de sua vida. A síntese que faz entre a Física Newtoniana e a metafísica é característica da passagem do século, encontrada também na obra de William Blake (1757-1827).

A teoria do magnetismo animal, eixo central da obra de Mesmer, também é sintética, uma vez que retoma alguns aspectos da "teoria dos vapores" e dos "espíritos animais", mas com ares de modernidade na sua concepção. Os avanços encontrados nesta teoria referem-se principalmente à importância que o autor dá à relação entre o médico e seu paciente. Ao atribuir tamanha força ao seu poder de cura, não estará Mesmer falando, ainda que intuitivamente, do fenômeno da transferência?

Pode-se dizer que sim, pois a própria comissão que julgou seu trabalho chegou à conclusão de que os resultados obtidos por Mesmer se davam em função da imaginação dos pacientes. Mesmer então a despertava, tendo sua presença como estímulo principal.

A comissão real também se inquietou com os aspectos sexuais do trabalho de Mesmer, pois, segundo eles, o médico provocava o desejo de suas pacientes, ao induzi-las à crise. Uma das descrições feitas pela comissão pode ser identificada como um ataque histérico conversivo e fica novamente feita a relação entre a histeria e a sexualidade em um momento histórico em que a repressão à sexualidade volta a ser fortemente exercida.

Outro ponto importante da obra de Mesmer é a idéia de que o magnetismo tem como condutor o sistema nervoso, tal noção é um passo à frente em relação aos pensadores de sua época, uma vez que o magnetismo não precisa de um espaço para se conduzir de um ponto a outro. Ao propor tal mecanismo, Mesmer se aproxima da concepção de que os estímulos do sistema nervoso são elétricos.

No que se refere às doenças nervosas, Mesmer diz que estas são tratadas preponderantemente através do magnetismo, uma vez que este atua de modo imediato no sistema nervoso, ou seja, para se cuidar destas afecções é fundamental a presença de médico, sem condutas orgânicas. Seria Mesmer um dos precursores da psicoterapia? Por que não?

Mesmer partia do princípio de que a crise era o caminho para a cura e, por isto, a induzia através de seu magnetismo. Para ele, a crise restabelecia o equilíbrio que o organismo havia perdido, ou seja, o sintoma tinha um sentido dentro do funcionamento do corpo e, desta forma, tendo algo a comunicar. Tal comunicação se daria dentro de um sistema representacional, diferente dos conhecidos até então. É a partir deste que surgirá a Psicanálise no Século XIX.

Outra influência de Mesmer é a utilização dos tratamentos coletivos, que reaparecerão nas conferências de Charcot e sua técnica hipnótica, na Salpêtriére.

Pode-se dizer que Mesmer foi a ponte entre o Iluminismo do Século XVIII e o Romantismo do Século XIX, não pertencendo a nenhuma destas escolas, porém guardando características das duas.

Segundo Figueiredo (1992), a obra de Mesmer é uma síntese do Iluminismo e do Romantismo; ligando-se ao primeiro na medida em que buscava trazer o oculto à luz.

Para o autor: *"O magnetismo animal postulado por Mesmer seria o equivalente das outras forças ocultas estudadas cientificamente por físicos e astrônomos."*[55]

Ainda segundo Figueiredo, os traços românticos de Mesmer são claros nas relações que este estabelecia para com seus amigos e pacientes: pessoais, íntimas e potencialmente eróticas. Outro dado importante nesta relação é a ênfase que Mesmer dá à crise, sem ela não existia a cura e, como se sabe, no Romantismo a crise e o sofrimento são os caminhos para a superação do Eu.

Para Trillat: *"É menos arriscado dizer que a corrente 'hipnótica', que tem sua origem no mesmerianismo, é de essência romântica. Ora, essa corrente vai atravessar todo o Século XIX e contribuir largamente para o nascimento da psicanálise."*[56]

Tais relações entre o Iluminismo e o Romantismo, darão ao estudo da histeria e do conhecimento humano, no Século XIX, a busca de uma explicação racionalista e científica, aliada às noções de subjetividade e individualismo.

O projeto iluminista fundamentou o pensamento racional, dando impulso à ciência desse século. Por este motivo é que se encontram tantas hipóteses sendo testadas e refutadas neste momento, visto que cada novo conhecimento acabava por abalar teorias validas até então.

É dessa tradição que vem a produção do Século XIX e a obra de Freud. A preocupação em dar caráter científico e credibilidade aos seus conhecimentos sempre esteve presente, tanto que, em vários momentos de sua vida, ele foi obrigado a refutar suas convicções. Os cuidados que tomava em suas conferências ao ressaltar o caráter empírico e teórico de suas pesquisas também deixam claras estas preocupações.

Outro fato de grande importância nesse século para a obra de Freud é o trabalho de Mesmer. Sua obra, tal como a de Freud, foi um degrau entre o Racionalismo e o Romantismo, pois ambos tinham um projeto de entender o obscuro, mesmo que tivessem que utilizar práticas pouco reconhecidas pela comunidade científica. Ambos empregavam conhecimentos de outras ciências, misturando-as, e adaptando-as às suas necessidades.

As experiências de Mesmer foram duramente questionadas pelo espírito iluminista e racionalista, antecipando algumas questões do nascente Romantismo. A importância da sua obra na produção freudiana foi indireta, porém, fundamental. Os tratamentos que ele realizava, utilizando-se do magnetismo animal, causou furor nas cortes européias e a partir daí se disseminou uma legião de magnetizadores, que acabavam por chamar a atenção de vários médicos, em diversos pontos da Europa. Entre eles está J. Braid, que descreveu pela primeira vez o hipnotismo e deu início à tradição de hipnotizadores do Século XIX, influenciando autores como Burq, Charcot, Breuer e o próprio Freud.

No Século XVIII, portanto, estão lançadas as principais bases do pensamento freudiano e os alicerces que viabilizarão o surgimento de uma obra como "A Interpretação dos Sonhos", destacando-se principalmente: 1) a curiosidade em relação a sexualidade; 2) a hegemonia da Neurologia na pesquisa da histeria; 3) o método racionalista, presente em toda produção freudiana e 4) o início de práticas que dariam origem ao hipnotismo, passo fundamental rumo à Psicanálise.

Estes aspectos criaram condições para que fosse possível falar nos afetos e emoções como elementos constitutivos da histeria, dando fundamento para o início de um processo de interiorização do psiquismo humano, formulado posteriormente por Freud em "A Interpretação dos Sonhos".

Capítulo 4

EM BUSCA DE NOVAS POSSIBILIDADES: O SÉCULO XIX

Na passagem do Século XVIII para o Século XIX, o homem passou por várias mudanças em suas crenças e hábitos. Com a Revolução Industrial e o conseqüente processo de urbanização, o domínio econômico passa definitivamente para a burguesia das cidades. A ciência, com suas recentes descobertas, incluindo-se as tecnológicas, abre ao homem novos horizontes e cada vez mais possibilidades de progresso. A tradição mecanicista e racionalista do Século XVIII atinge outras áreas de conhecimento que não só a Física e a Matemática, mas também a Biologia, através de nomes como Charles Darwin e Mendell.

Wilson (1985), comentando o livro "Science and the Modern World" de A. N. Whitehead, diz: *"Os Séculos XVII e XVIII foram, na Europa, um período de grande desenvolvimento da matemática e da teoria física; na literatura do período chamado clássico, Descartes e Newton constituiram-se em influências tão importantes quanto a dos próprios clássicos. Os poetas, a exemplo dos astrônomos e dos matemáticos, haviam chegado a encarar o universo como uma máquina obediente às leis da lógica e suscetível de explicação racional; Deus figurava meramente como o fabricante de relógios, que deveria ter existido para manufaturá-los. As pessoas aplicavam tal concepção também à sociedade, que tanto do ponto de vista de Luís XIV como da constituição norte-americana, tinha o caráter de um sistema planetário ou de uma máquina bem-regulada; e examinavam a natureza humana desapaixonadamente, com o mesmo espírito lúcido e racional, para descobrir os princípios que lhe regiam o funcionamento."*[57]

O Romantismo vem questionar esta visão racionalista e mecanicista do Iluminismo, em várias frentes. Segundo Wilson: *"O Romantismo, como todos já ouviram dizer, foi uma revolta do indivíduo. O 'Classicismo', contra o qual ele representava uma reação, significava, no domínio da política e da moral, uma preocupação com a sociedade em conjunto e, em arte, um ideal de objetividade. Em 'Le Misantrope', em 'Berenice', em 'The Way of the World', em 'Gulliver's Travels', o artista se coloca fora do quadro: consideraria de mau gosto artístico identificar seu herói consigo próprio e glorificar-se nele, ou intrometer-se entre o leito e a história para dar vazão às suas emoções pessoais. Mas em 'René', em 'Roolla', em 'Child Harold', 'The Prelude', o escritor, ou é seu próprio herói, ou com ele se identifica inconfundivelmente, e a personalidade e as emoções do escritor são apresentadas como principal tema de interesse. (...) E (os escritores) pedem que nos interessemos por eles próprios em virtude do valor intrínseco do indivíduo: defendem os direitos do indivíduo contra as pretensões da sociedade em conjunto – contra o governo, moralidade, convenções, academia ou igreja. O romântico é quase sempre um rebelde."*[58]

Essa rebeldia é encontrada em autores como William Blake (1757-1827) e Johann Wolfgang Von Goethe (1749-1832). Blake foi poeta, místico e artista plástico que, em suas obras, questionava o Racionalismo cientificista e o cristianismo dogmático; tais questionamentos ficam bastante evidentes em "O Casamento do Céu e do Inferno", onde o autor defende a quebra dos dez mandamentos, a busca do prazer e a vivência dos excessos como forma de se conquistar a felicidade. Para Blake, era mais importante agir de acordo com os próprios impulsos e o cristianismo impedia isto ao fazer crer que existe uma dualidade no ser humano: o bem e o mal. Para o autor:

"1. O homem não tem corpo distinto de sua alma, pois o que se denomina corpo é uma parcela da alma, discernida pelos cinco sentidos, os principais acessos da alma nesta etapa.

2. Energia é a única vida e provém do corpo; e a razão, o limite ou circunferência externa da energia.
3. Energia é deleite eterno.

Quem refreia o desejo assim o faz porque o seu é fraco o suficiente para ser refreado; e o refreador, ou a razão, usurpa-lhe o lugar e governa o inapetente.

E, refreando-se, aos poucos se apassiva, até não ser mais que a sombra do desejo." (W. Blake, "O Casamento do Céu e do Inferno")[59]

Tal postura implica em uma crítica à maneira de se conceber o ser humano. Para Blake, o homem tem nas emoções importância tão grande quanto sua racionalidade e toda a sua argumentação poética insiste neste ponto.

Outra grande obra questionadora do Racionalismo é "Fausto", de Goethe. Pode-se dizer que esse personagem é um típico representante do Iluminismo e suas queixas são críticas a este modelo de vida. No início do livro, Fausto encontra-se só em seu gabinete, lamentando sua incompletude e sua infelicidade,

> *"Ah! Filosofia! Jurisprudência, Medicina e também tu, triste Teologia! ...Eu vos estudei profundamente, com ardor e paciência; e, no entanto, eis-me aqui, pobre louco, tão sábio quanto antes. Intitulo-me, é verdade, Mestre, Doutor, e há dez anos faço gato e sapato dos meus discípulos. E vejo muito bem que nada podemos conhecer! ...Eis o que me faz tremer de ódio! (...) Nem o escrúpulo nem a dúvida me atormentam mais! Nada receio do diabo ou do inferno; mas toda a alegria me foi roubada."* (Goethe, "Fausto")[60]

Comentando este trecho, Berman (1987) diz: *"O que leva Fausto a sentir seus triunfos como lixo é que, até esse momento, tinham sido apenas conquistas da vida interior, apenas espiritualidade. Ao longo de anos, através da meditação e da experimenta-*

ção, através dos livros e das drogas – ele é um humanista na acepção verdadeira, nada do que é humano lhe é estranho – ele fez tudo o que pôde para aperfeiçoar sua capacidade de pensar, sentir e ver. *Apesar disso, quanto mais sua mente se expandiu, tanto mais aguda se tornou sua sensibilidade, mais ele se isolou e mais pobres se tornaram suas relações com o mundo exterior – suas relações com outras pessoas, com a natureza, até mesmo com suas próprias necessidades e forças ativas. Sua cultura se desenvolveu no sentido de divorciá-lo da totalidade da vida."*[61]

Através destas duas obras pode-se ver que no Romantismo, enquanto movimento literário, existe o predomínio da emoção, do sentimento e do subjetivismo e a busca da liberdade e felicidade, baseada na vivência das próprias emoções e da quebra de limites pré-estabelecidos. Nas artes plásticas, Gombrich (1985) caracteriza o "Século XIX, como uma *"Revolução Permanente"*.[62]

Entre os artistas desta época estão: Eugene Delacroix (1798-1863), Edouard Manet (1832-1883), Claude Monet (1840-1926), Auguste Renoir (1841-1919), Edgar Degas (1834-1917), Paul Cézanne (1839-1906) e Vicent Van Gogh (1853-1890), que dispensam comentários a respeito de suas obras, e que romperam em definitivo com a arte racionalista do Século XVIII.

Porém, tais influências também se dão no campo da Filosofia, principalmente com Arthur Schopenhauer (1788-1860), amigo de Goethe, e Frederick Wilhelm Joseph Schelling (1755-1854), e das ciências, através de um novo modelo epistemológico, em que, o que vale é a singularidade da experiência, seu aspecto qualitativo e a ênfase sobre o critério interpretativo para a compreensão do fenômeno, sendo que a hermenêutica é um dos sustentáculos da obra de Friedrich Wilhelm Nietzsche (1844-1900).

No que se refere ao estudo da histeria, o movimento romântico também terá intensa influência. Segundo Trillat (1991), no Romantismo: *"A mulher tem acesso a um novo estatuto. O romantismo vê nascer uma nova sensibilidade em relação à mulher. Digamos, para abreviar, que esta passa do estado de objeto sexual ao de uma pessoa que encarna as múltiplas imagens femininas. Essa nova maneira de ver a mulher não vai deixar à literatura médica, considerando o lugar eminente que ela ocupa na histeria, um distintivo particular."*[63]

Para ele, as discussões referentes à natureza da mulher e do papel da sexualidade acabam por trazer descrições da histeria, como por exemplo, em "A Mulher", de Michelet em 1859, onde Trillat salienta que a descrição feita da *"mulher doce, amorosa, sedutora, que desperta o desejo do homem, sem jamais o satisfazer, coincide com as descrições que atualmente se fazem da mulher histérica".*[64]

Outra citação de 1847, feita por Trillat caracteriza bem esta observação:

"...Dolorosa vítima dessa afecção que envenena a existência dessa metade tão delicada e interessante da espécie humana. Porque é preciso que um sexo que, de sentimento em sentimento conduz nossa vida desde o berço até o túmulo, receba sua parte em tamanha miséria e tanto mal? Seria então seu destino trocar as doçuras que vertem sobre nossa curta existência pelos sofrimentos perpétuos? Sua organização só seria, pois, a de um ser de amor e de dor? É preciso proceder a um estudo aprofundado da organização da mulher e de seu caráter inapreensível." (Brachet, J.L. "Tratado da Histeria")[65]

Para Trillat (1991): *"Os médicos que se interessam pela histeria não fazem senão juntar-se ao imaginário romântico, recolocando a mulher num pedestal; eles participam, no exercício de sua arte, das grandes fontes de inspiração da literatura da época: a mulher musa, a mulher anjo e demônio, a mãe fecunda, a virgem, a mulher frágil e passiva, mas também a mulher feiticeira, o mito da queda etc."*[66]

Mais à frente, o autor cita outra obra de Michelet, "O Amor", de 1858, onde este afirma que a menstruação não é indício de bruxaria, nem de orgias, mas trata-se, na verdade, de uma ferida, que faz da mulher um ser frágil que necessita da proteção masculina. Michelet defende também o direito da mulher ao orgasmo. Para ele, o homem deve preocupar-se com o prazer da mulher *"e tomar a seu cargo os pequenos mistérios e deles cuidar ternamente em suas fraquezas naturais".*[67]

Nestas descrições, é difícil notar qual o sexo mais idealizado: a mulher "misteriosa", ou o homem supervalorizado, e esta questão dificultará muito o entendimento da histeria, uma vez que o grau de fantasia existente aí deixa de ser levado em conta. De qualquer forma, o interesse dos românticos pelo sexo feminino possibilita um maior número de pesquisas e estudos a respeito das questões femininas.

Dos estudos a respeito das mulheres, aparece o problema da relação entre hipocondria e a histeria, segundo Trillat (1991): *"A reunião, no seio de uma mesma doença, da histeria e da hipocondria era inoportuna, já que esta reunião, operada por Sydenham, apagava os traços distintivos de um e de outro sexo. Identificar a natureza da mulher conduzia a isolar 'sua' doença e, por conseguinte, a separá-la da hipocondria."* [68]

Por este motivo o trabalho do médico, fisiologista e químico alemão, Frédéric Hoffmann (1660-1742), "Tratado sobre a Doença Histérica e Hipocondríaca" (1735), é revisto pelos médicos do início do Século XIX. Segundo Hoffmann, as duas doenças têm várias diferenças entre si e em meio às mais importantes está o fato de que a histeria é uma doença aguda, em virtude de seus ataques violentos e cura rápida e a hipocondria é uma doença crônica.

Tal classificação opõe-se à posição adotada por Sydenham, na medida em que este acreditava que tanto a histeria quanto a hipocondria eram doenças crônicas. Outra diferença entre as doenças refere-se aos sintomas: na histeria o ataque é fulminante e priva a mulher de seus sentimentos, existe a sensação de uma "bola" dentro do organismo, sufocação, morte aparente, os músculos abdominais contraem-se fazendo com que o umbigo desapareça (o contrário ocorre na hipocondria, o ventre fica inchado e projetado para fora). Tais distúrbios não ocorrem na hipocondria e, portanto, são duas afecções diferentes, com dois tratamentos específicos.

Entre os médicos que adotam a posição de Hoffmann está Pinel, que acredita que a hipocondria pertence à ordem das alienações mentais, enquanto a histeria à dos espasmos.

Visto que se tratam de duas afecções diferentes, os locais de origem das doenças devem diferir. A hipocondria, com suas manifestações no funcionamento das vísceras, tem dois tipos de explicações: uma fisiológica, em que o sistema simpático inerva determinada víscera, e uma psicológica, que faz com que a imaginação do doente interfira no funcionamento adequado de seu organismo. De qualquer modo, a sede da hipocondria está entre o abdômen e o cérebro, diferentemente da histeria, cuja sede é o baixo-ventre.

O médico e cirurgião bretão Louyer-Villermay (1776-1838) compartilha das idéias de Hoffman, fazendo a distinção entre a psicologia dos dois sexos. Para ele, a hipocondria é uma doença masculina, que devido à paixões tempestuosas, ao ódio e à ambição típica dos homens, os predispõem a esta doença. Já nas mulheres, os sentimentos suaves e de amor interferem na inervação do útero e provocam lesões funcionais no órgão. A histeria é uma afecção tipicamente feminina.

Segundo Louyer-Villermay, o útero é um órgão fundamental, por ser o responsável pelo aparecimento dos seios, pela gravidez, produção de leite etc. Por ter grande importância e por ser irrigado por muitos vasos e nervos, o útero tem grande influência no funcionamento do organismo e deve ter seu desempenho regulamentado, sem excessos ou falta, como já dizia Galeno. Para esse autor, na abstinência sexual está a origem dos sintomas histéricos, quando acompanhada de "temperamento nervoso" e fácil de inflamar, "educação fraca e efeminada", sistema uterino "ardente e lascivo", imaginação abrasadora, coração excessivamente meigo, entre outras características.

Destacam-se como possíveis pacientes histéricas as morenas de olhos negros e vivos, boca grande e dentes brancos, lábios vermelhos e carnudos, cabelos abundantes e características sexuais bastante pronunciadas; como se pode ver, trata-se de uma figura feminina bastante idealizada e sensual.

O acesso histérico é reconhecido através de movimentos vermiculares, que são sentidos com a mão colocada sobre o hipogástrio ou o dedo introduzido na vagina. As alterações no útero se dão em função dos espasmos causados pelo acúmulo de secreção espermatiforme e se espalham pelo organismo através dos nervos, como dizia Lange.

Outro fator importante para a história da histeria (e da doença mental) é a evolução do Alienismo, principalmente com Philippe Pinel (1745-1826). Antes dele, a internação consistia unicamente na retirada dos doentes do convívio social; quando assumiu Bicêtre, Pinel "libertou os acorrentados", buscando a humanização de seus pacientes e tendo por objetivo os cuidados médicos para com estes. Embora nestas internações ainda persistissem objetivos morais e punitivos, como ressaltou Foucalt (1975), eles tiveram importância na medida em que possibilitaram que se estudassem os pacientes de maneira mais sistematizada, mais positiva, como no caso da Salpêtrière, de Charcot e Janet.

Pinel relata o caso de uma jovem histérica desde os 17 anos, que apresentava os seguintes sintomas:

"Primeiro, desinteresse por suas ocupações cotidianas, freqüência de lágrimas vertidas sem causa, ar sombrio e taciturno; logo depois, perda do uso da palavra, rosto muito corado, contração espasmódica no pescoço e sensação de uma espécie de estrangulamento, obstrução das glândulas salivares; e, em seguida, salivação abundante, como pelo uso do mercúrio; então, impossibilidade de abrir a boca pela forte contração dos músculos da mandíbula inferior: rigidez tetânica de todo o resto do corpo, pulsação pouco perceptiva, respiração lenta mas regular; ventre constipado, urina límpida. Estes sintomas duram três ou quatro dias. Em seguida, todas as funções se restabelecem no estado natural."
(Pinel, P., "Nosografia Filosófica")[69]

Para Pinel, a histeria também tinha origem a partir da abstinência sexual, que trazia conseqüências graves para o funcionamento do útero, e sua recomendação para suas pacientes era o casamento. E. Georget (1795-1828) se opõe a Louyer-Villermay e a Pinel, questionando a "teoria uterina" e a terapêutica sexual da histeria, reabilitando Sydenham, ao defender que tanto a histeria, quanto a hipocondria, têm sua origem no cérebro. Tal tese ganha força com a dissecação de cadáveres e o conseqüente desenvolvimento dos conhecimentos de anatomia. Desta forma, cai em definitivo a "teoria uterina" e a "teoria dos vapores".

Para Georget, a histeria, a hipocondria e a epilepsia têm sua sede no aparelho cérebro-espinhal e, embora sejam quadros nosográficos diferentes, freqüentemente seus sintomas se confundem e se combinam. Os principais da histeria são: cefaléia, desmaios, convulsões, perturbações de linguagem, paralisias transitórias, e crises emocionais acompanhadas de gritos e choro. Georget descreve a histeria em termos mais técnicos em um verbete para um dicionário:

"A histeria é uma afecção convulsiva apirética, comumente de longa duração, que se compõe principalmente de acessos ou de ataques que têm por características convulsões generalizadas e suspensão freqüentemente incompleta das funções intelectuais." (Georget, E. "Dicionário de Medicina")[70]

Outro autor de importância na história da histeria é Paul Briquet (1796-1881). Segundo Trillat (1991), Briquet sempre teve preocupação em contextualizar os sintomas com a realidade do indivíduo doente e, sendo assim, procurava colher informações sobre o ambiente, o clima, a temperatura, bem como também questões sociais, como posição, profissão etc.

Para Trillat, tratava-se certamente de uma personalidade romântica: *"Romântico pela importância que concebe à paixões, às emoções, aos traumatismos psicológicos; romântico, enfim, por uma certa sensibilidade relativa à mulher, cuja imagem continua idealizada."*[71]

Briquet acreditava que a histeria era uma "neurose do encéfalo", em que o paciente perdia o controle sobre suas paixões, que passavam a se repetir ora aumentadas, ora diminuídas, às vezes de maneira pervertida:

> *"Todo fenômeno histérico possui seu tipo próprio nas diversas ações vitais pelas quais as sensações afetivas e as paixões se manifestam no exterior. As perturbações histéricas não são senão a repetição pura e simples desses atos, aumentados, enfraquecidos, ou pervertidos. Considere-se um sintoma qualquer e reencontrar-se-á, sempre, seu modelo num dos atos que constituem as manifestações passionais."* (Briquet, P. "Tratado Clínico e Terapêutico da Histeria")[72]

Segundo Briquet, as paixões ou emoções fortes e violentas podem causar lesões nos órgãos que as expressam, por exemplo, uma mulher que teve um ataque após ser violentada...

> *"via sempre nesses acessos o homem que havia atentado contra sua honra, vociferava em sua direção e tinha movimentos semelhantes aos que tinha feito para dele se defender".* (Briquet, P. "Tratado Clínico e Terapêutico da Histeria")[73]

Seguem-se outros exemplos semelhantes, o que parece ser um avanço na compreensão da histeria, visto que Briquet é o primeiro autor a entender o sintoma como detentor de sentido. Outro progresso de Briquet é reconhecer a plasticidade e a imaginação de seus pacientes histéricos como parte de seus sintomas. Sendo médico clínico e trabalhando no Hospital de Charité, tinha sob seus cuidados muitas pacientes e quando uma delas tinha um ataque, as outras logo tinham outros:

> *"Encontravam-se na sala um certo número de histéricas tendo ataques mais graves do que de costume; elas se influenciavam*

umas às outras de maneira evidente; quando uma tinha um ataque, todas as outras tinham sucessivamente o seu; e como uma delas tinha ataques ruidosos, todas as outras faziam o mesmo." (Briquet, P. "Tratado Clínico e Terapêutico da Histeria")[74]

Frente a este problema, Briquet segue o caminho de Boerhaave (1688-1738), médico e químico holandês, que enfrentou uma "epidemia" de histeria em uma comunidade de crianças no Hospital de Haarlem. Frente ao grande número de casos, ameaçou queimar com ferro em brasa as crianças que apresentassem qualquer sintoma; e deu cabo da "epidemia". Briquet também ameaçou queimar com ferro em brasa a cabeça de quem tivesse a crise mais barulhenta. Tal tentativa não surtiu os efeitos desejados por Briquet:

"A partir do dia seguinte, essa jovem teve seu ataque como de costume, mas, durante seu delírio, gritava que a queimavam, que ela via o fogo; uma de suas vizinhas, que acabava de escutá-la vociferar, foi imediatamente tomada de seu ataque, durante o qual ela se pôs a falar do fogo celeste." (Briquet, P. "Tratado Clínico e Terapêutico da Histeria")[75]

Trillat (1991) comenta que: *"A ameaça, longe de ter um caráter dissuasivo, vem alimentar e enriquecer o conteúdo dos ataques das senhoritas. A histérica não reproduz somente o que pertence à sua problemática pessoal, mas reproduz também o que pertence aos outros: ela reproduz mesmo o que não pertence a ninguém, o que circula como representações coletivas. A anedota relatada por Briquet é uma reprodução experimental das epidemias de bruxaria."*[76]

Esta passagem de Briquet deixa claro um dos sintomas clássicos da histeria: a influenciabilidade, a plasticidade da queixa histérica e a importância do aspecto imaginativo na produção desses. Tal percepção fará com que alguns dos ensinamentos de Mesmer sejam retomados, principalmente o magnetismo, e dando início a uma série de trabalhos que tem no hipnotismo sua principal característica.

Para estes autores, a plasticidade dos sintomas devia-se ao fato de que a sugestão se dava através do desequilíbrio e da sensibilidade magnética.

Os autores mesmerianos faziam demonstrações públicas em várias cidades, induzindo o "sono magnético" em sua platéia e em uma destas apresentações, o cirurgião inglês James Braid (1795-1860), cético quanto à seriedade deste tipo de fenômeno, passa a fazer testes com seus amigos sobre o sono magnético. A partir desta sua experiência, Braid questiona o sono como sendo efeito de um fluido magnético e os atribui à fixação de atenção para um objeto brilhante.

Segundo Trillat (1991), em 1843, Braid publica um trabalho, "Neurhypnology", em que pela primeira vez está escrito o termo hipnose. Nesta obra, ele chega à conclusão que a hipnose permite a produção de sintomas histéricos em pessoas sãs. Depois de Braid, surge uma geração de hipnotizadores, que apesar de serem considerados charlatões pelos médicos, produzem um grande número de estudos.

Na França E. Azam, professor de Medicina escreve que:

"Em 1858, fui chamado a prestar meus cuidados a uma jovem do povo, de 15 anos de idade, que diziam atingida de alienação mental e que apresentava fenômenos singulares de catalepsia espontânea, de anestesia, de hiperestesia; além disso, ela apresentava uma interessante lesão da memória." (Azam, E. "Hipnose e Dupla Personalidade")[77]

Azam diagnostica histeria e comenta o caso (que ficaria conhecido como "Caso Félida") com um amigo que havia lido o livro de Braid, e este sugere que o autor utilize a hipnose com esta paciente. Após várias experiências bem-sucedidas, Azam vai a Paris apresentar seu caso e lá se encontra com o cirurgião P. Broca. Interessado pela hipnose, Broca realiza uma cirurgia em uma jovem para a retirada de um abscesso no ânus, utilizando-se da hipnose, como método anestésico. Tal feito teve sucesso e logo foi comunicado à Academia de Ciências, tendo Azam como co-autor.

Voltando ao caso relatado por ele, trata-se de uma famosa descrição clínica, em que além dos sintomas citados anteriormente, ocorria também um desdobramento de personalidade. Félida tem dupla personalidade e esta surgiu após uma gravidez, em que uma das partes não aceita tal estado, e nem se lembra do ocorrido, enquanto a outra vive conflitivamente a gravidez indesejada. Azam relaciona o desdobramento da personalidade à histeria, como se fosse um "sonambulismo total".

Embora tais descrições não sejam uma novidade, neste momento em particular ele é de grande importância, em virtude das muitas pesquisas hipnóticas que são realizadas. Segundo Trillat (1991), é a partir destes sintomas de dupla consciência que Janet encontrará uma base teórica para a sintomatologia histérica. De qualquer maneira, os sintomas histéricos deixam de relacionar-se somente a fenômenos psíquicos e isto possibilitará o desenvolvimento da obra de Charcot, relacionada ao hipnotismo.

A hipnose também é discutida como método de tratamento pelos alienistas, que neste momento são os especialistas no tratamento das doenças mentais. Trillat (1991) cita alguns exemplos de descrições retiradas de "Os Anais Médicos-Psicológicos", revista publicada pelos alienistas, que tem por objetivo discutir e entender os aspectos científicos, filosóficos e psicológicos, suscitados pela doença mental. Nesta revista, combates são travados entre os defensores e os detratores da hipnose.

Entre os alienistas favoráveis à hipnose, destaca-se Charles Lasègue (1816-1883), que concluiu que o estado hipnótico de seus pacientes histéricos diferenciava-se do estado de sono normal, na medida em que, no primeiro caso, os pacientes não tinham relaxamento muscular e seus movimentos pareciam os de um "manequim articulado". A partir de seus estudos com histéricos Lasègue chegou à conclusão que:

"A definição da histeria jamais foi dada e jamais o será. Os sintomas não são nem muito constantes, nem muito semelhantes, nem suficientemente iguais em duração e em

intensidade para que um tipo, mesmo descritivo, possa compreender todas as variedades. (...) As leis que predominam nas evoluções patológicas não se adaptam a ela (histeria); *a exceção, nesse caso, não confirma a regra, mas ela mesma se torna a regra e a característica."* (Lasègue, C. "Estudos Médicos")[78]

Do ponto de vista médico, não restam muitos comentários a fazer a respeito dos conhecimentos de Lasègue. Realmente a histeria não tem um sintoma em particular e nem é possível fazer um quadro clínico definido. Segundo Trillat (1991), a partir desses estudos, a histeria vai deixar de fazer parte da preocupação dos alienistas e passará a ser do interesse dos neurologistas; Charcot será o grande pesquisador da histeria.

J. M. Charcot

Jean-Martin Charcot (1825-1893) foi um dos grandes estudiosos da histeria. Sua carreira começa em 1848 e se desenvolve inteiramente na Salpêtrière. Em 1872, se torna titular da cadeira de anatomia patológica e dez anos mais tarde é nomeado professor da clínica de doenças nervosas, sendo esta, segundo Trillat, a primeira cadeira de Neurologia criada no mundo.

Os primeiros contatos de Charcot com a histeria foram por acaso. Devido a problemas administrativos, a ala onde se encontravam os alienados, epilépticos e histéricos foi desativada momentaneamente. Quando reativada, optou-se por separar os pacientes alienados dos histéricos e epilépticos, já que estes tinham características comuns. Criou-se desta forma um novo serviço e, por ser o mais antigo do hospital, Charcot foi nomeado responsável por este setor.

Tal divisão, como era de se esperar, não rendeu bons resultados, em função das próprias peculiaridades da histeria.

Já em 1874, Charcot escreve a respeito de aspectos neurológicos da histeria, ou seja: crises convulsivas paroxísticas, paralisias, anestesias e contrações. Segundo Trillat, Charcot faz um retorno à "teoria uterina", ao relacionar os sintomas histéricos a uma compressão do útero e sua suspensão, através de outra pressão. Esta teoria, de certa forma, lembra Soranos e algumas práticas comuns no Século XVII. Charcot critica o abandono da "teoria uterina" feita por Briquet, comentando o seu "Tratado Clínico e Terapêutico da Histeria":

"Este livro é excelente, mas ele tem, talvez, um lado fraco: tudo o que diz respeito ao ovário e ao útero é tratado com uma disposição de espírito singular por parte do médico. É uma espécie de recato excessivo, um sentimentalismo inexplicável." (Charcot, J. M. "Obras Completas")[79]

Para ele os ovários e o útero, embora não fossem os únicos causadores da histeria, eram responsáveis por uma forma específica dela. Esta tese teve algumas conseqüências sérias. Nos Estados Unidos, um médico acusa-o de causar "desordens monstruosas".

Na busca de uma melhor definição do quadro clínico da histeria, o autor faz, em 1870, uma caracterização dos sintomas da crise histérica, em que quatro fases se destacam: 1) dor nos ovários, que é prenúncio da crise; 2) a crise, com gritos, palidez, perda de consciência, rigidez muscular, entre outros sintomas; 3) a teatralização das emoções, com gesticulações e grandes paixões envolvidas; 4) o fim da crise, com choros, risos e soluços. Charcot diferencia o quadro histérico da crise epiléptica, através da afetividade envolvida no primeiro caso e totalmente ausente no segundo.

A partir desta diferenciação, Charcot tenta organizar um inventário dos sintomas histéricos, comparando-os com os sintomas de origem neurológica e analisando suas semelhanças e diferenças. Desta maneira, procurava na histeria uma explicação anatomoclínica.

Em 1876 Charcot é chamado para participar de uma comissão que iria estudar o trabalho de Burq a respeito da histeria. Este trabalho era baseado na aplicação de anéis metálicos em pacientes com crises histéricas. Ele, após vários atendimentos bem-sucedidos em hospitais, quis ter suas pesquisas reconhecidas pela comunidade científica e passa a trabalhar com pacientes histéricos no setor de Charcot. A princípio, Charcot não encara o trabalho de Burq com bons olhos, porém, tal opinião muda depois que uma paciente com insensibilidade completa recupera sua capacidade sensitiva, depois de um encontro com ele. Tais ocorrências vão se acumulando nos casos de anestesia sensitiva ou sensorial, paralisias e contrações, entre outros estados; Charcot experimenta o método também em pacientes com lesões neurológicas e, segundo ele, obtendo bons resultados.

As explicações sobre a eficácia dos resultados se baseiam na condutividade elétrica dos metais e, portanto, bastava que se produzisse uma carga elétrica com a mesma intensidade dos metais anteriormente utilizados para se obter os mesmos resultados.

Após um momento que Trillat (1991) chama de "Fase Experimental", Charcot direciona seus interesses para a ação dos ímãs e do magnetismo, uma vez que este último também é uma forma de eletricidade. Charcot parte então do magnetismo de Mesmer para a hipnose de Braid. O hipnotismo tem em Paris, no final do Século XIX, seu grande desenvolvimento, em função da ascenção do Romantismo e abre-se desta maneira um novo campo de experimentação.

A hipnose é caracterizada por Charcot como sendo a patogenia da histeria e, portanto, como diz Trillat: *"a histeria será concluída com suas duas vertentes: clínica e patogênica".*[80]

Ele a utilizava para criar e remitir sintomas histéricos por intermédio de sugestão. Através deste artifício ele acredita ter maior acesso às leis que regem a produção de sintomas:

> *"A contração histérica pode ser provocada artificialmente numa mulher que esteja sob a ação da diátese histérica. Basta enunciar essa surpreendente proposição para fazer compreender a importância capital de um tal fenômeno e prever o partido que dele podemos tirar na continuação de*

nossas pesquisas para tratar as contrações histéricas propriamente ditas. A descoberta dessas leis nos mostrará que a histeria não é uma dessas desconhecidas na qual se vê tudo o que se quer. Desagrade ou não aos céticos e aos histerófobos, isso não é um romance: a histeria tem suas leis." (Charcot, J. M. "Obras Completas")[81]

As leis que regem a produção de sintomas histéricos são descritas por Charcot a partir da prática adquirida com os casos de histeria traumática cuja origem está em uma experiência passada na vida de um indivíduo. Segundo Trilllat, em virtude do grande desenvolvimento da Revolução Industrial, principalmente devido à multiplicação de ferrovias, o número de acidentes e traumatismos eram bastante comuns nesta época, fazendo com que surgissem os casos que Charcot chamava de Histeria Traumática.

Um dos casos descritos por ele era de um rapaz (Loq) de 29 anos que, após ter sua carroça abalroada por outra, sofre uma queda, ficando hospitalizado durante cinco dias, sem consciência e com as pernas "quase que mortas". Quando volta a si, ele não se lembra e fica surpreso com o fato de estar nos hospital. Sai do hospital andando e após ficar em repouso durante oito dias, vai visitar amigos e é tomado por uma crise e desmaia.

É novamente levado ao hospital, onde fica internado em estado de coma durante dois meses e quando sai deste, encontra-se com os membros inferiores totalmente paralisados e faz relatos do acidente que havia sofrido com a carroça. Segundo Loq, a carroça que ocasionou o acidente veio em sua direção e o cavalo bateu sua cabeça no peito dele e em seguida as rodas da carroça passam sobre seu corpo.

Cinco meses depois, é levado aos cuidados de Charcot, e sob hipnose repete a história do acidente. Sua paralisia é acompanhada de anestesia, cuja topografia é "exatamente a que se produz artificialmente por sugestão nas histéricas hipnotizáveis".

Essa "coincidência" leva Charcot a relacionar as paralisias histéricas sugeridas via hipnose e as que são conseqüente de traumas. Nos sintomas histéricos não existe a sugestão do hipnotizador, mas sim uma "auto-sugestão" que é provocada por um traumatismo. Desta maneira, nas palavras de Trillat (1991): *"fecha-se o ciclo: a paralisia traumática é uma paralisia histérica; a paralisia histérica é provocada pela auto-sugestão de um traumatismo".*[82] Estas considerações de Charcot irão influenciar de maneira decisiva a obra de J. Breuer e S. Freud.

A histeria traumática tem maior incidência na Inglaterra, visto que este foi o primeiro país a construir ferrovias. Por muitos trabalhadores sofrerem acidentes nestas obras, a histeria passou a ser mais estudada por legistas, para resolverem questões trabalhistas.

Na Salpêtrière, o termo "histeria traumática" é, segundo Trillat, sinônimo de histeria masculina. Na Inglaterra os médicos das ferrovias faziam uma diferenciação entre os choques traumáticos, que acarretavam danos e/ou lesões corporais, e os choques nervosos, provocados por um traumatismo mínimo e sem danos e/ou lesões corporais.

Entre os médicos ingleses, vários casos de histeria são relatados e alguns atribuíram-na a uma inflamação na medula, outros diziam que os sintomas nervosos só apareciam em casos de neurastênicos e histéricos, visando reduzir a responsabilidade e as indenizações das seguradoras. Para um dos médicos, o estado mental dos trabalhadores acidentados e com sintomas nervosos era semelhante ao estado mental dos hipnotizados.

Na Alemanha também ocorriam tais problemas: anestesias diversas, paralisias, diminuição do campo visual, porém, lá alguns médicos propõem "neurose traumática" para que se evitasse o termo histérico, que não era bem-aceito pelas seguradoras e que guarda diferenças para com a histeria. Para os alemães, a histeria tem sintomas mais violentos e incontroláveis que a neurose traumática.

Após a morte de Charcot, seu discípulo Paul Richer (1849-1933), reuniu os trabalhos do mestre numa tentativa de descrever a histeria dentro de um quadro claro e bem-definido. Para tal empreitada, Richer tenta abarcar todas as fases e sintomas característicos da crise histérica (conferir em Charcot as fases da Grande Histeria: 1) Pródomos; 2) Período Epileptóide; 3) Período de Contorções; 4) Período de Transe, e 5) Período Terminal).

A contribuição de Charcot no entendimento da histeria vai além de suas tentativas de definições empíricas do quadro histérico, pois, sua atenção ao hipnotismo abre novos caminhos e possibilidades na compreensão do fenômeno.

Em oposição aos estudos desenvolvidos por Charcot na Salpêtrière, outra faculdade se propõe a estudar, primeiramente a hipnose e depois a histeria: Nancy. A atenção à hipnose vem a partir do trabalho realizado por Antoine Lièbeault (1823-1904), médico que passou parte de sua vida no seminário e se autodenominava curandeiro. Torna-se popular em uma pequena cidade perto de Nancy, por tratar gratuitamente da população pobre, acometida por qualquer tipo de afecção, utilizando-se da hipnose. Em 1866, publica um trabalho onde relata os resultados obtidos e sua recepção nos meios médicos é fria e desinteressada, porém chama a atenção de um famoso clínico geral de Nancy: Bernheim.

Hyppolyte Bernheim (1837-1919) descobre a hipnose através do trabalho de Lièbeault e resolve visitá-lo em 1882 para conhecer seus métodos e resultados. Após demonstrar ceticismo em relação ao que via, Bernheim vai mudando de idéia frente às curas de Lièbeault e inicia uma série de estudos sobre hipnotismo.

Bernheim contrapõe-se a Charcot e, conseqüentemente a Salpêtrière, na medida em que nega que o estado hipnótico seja "privilégio" de histéricos, ou seja, qualquer um pode ser hipnotizado. Para Bernheim, a base da hipnose e da histeria era a sugestão:

"Quando há mais de trinta anos, esclarecido pela prática de um médico desconhecido que se chamava Lièbeault, comecei meus estudos sobre sugestão e apliquei esse método de observação à histeria, não tardei a perceber que esta descrição tão precisa era freqüentemente artificial, que essa sistematização era devida, em grande parte, à imitação e à

sugestão, que a grande histeria, com sua evolução de fases que se desenrolam como um rosário, era uma histeria de cultura; constatei que a sugestão experimental freqüentemente modifica essa evolução à sua maneira e pode suspendê-la em qualquer de seus períodos." (Bernheim, H. "A Histeria")[83]

Toda a argumentação de Bernheim sustenta-se sobre a sugestão, que pode agir sobre pessoas histéricas ou não. Segundo ele, a sugestão: *"...é o ato pelo qual uma idéia é introduzida no cérebro e por ele aceita".*[84] Convém lembrar que ele era um clínico geral e que utilizava tal técnica no seu cotidiano. Segundo Trillat (1991), sua clínica em Nancy era uma reunião de várias doenças, crises e sofrimentos e a sugestão era o sustentáculo de sua terapêutica.

O fato de Bernheim trabalhar baseado na sugestão levanta questões de importância do ponto de vista relacional e que viriam a ser utilizadas futuramente enquanto técnica. Entre as quais destacam-se: a relação médico-paciente, os primórdios da psicoterapia, a eficácia deste método em pacientes histéricos e etc.

Embora tenham existido mais divergências do que conclusões entre as escolas de Paris e de Nancy, este período é muito rico em pesquisas, abrindo novos caminhos para o estudo da hipnose, da sugestão e da histeria, possibilitando o aparecimento de autores como Janet, Baninsky, Breuer e Freud.

Pierre Janet

Pierre Janet (1859-1947), filósofo francês, dedicou-se a outras áreas do conhecimento, tais como Medicina e Psicologia, publicando inclusive uma tese sobre o "Automatismo Psíquico" (1889) e outra sobre o "Estado Mental dos Histéricos" (1893). Partindo dos estudos de Charles Richet (1850-1935) sobre o hipnotismo, Janet se interessa pela histeria e passa a trabalhar em um laboratório de Psicologia na Salpêtrière na clínica de Charcot.

Seu interesse por este laboratório era grande, uma vez que ele esperava que Janet complementasse, com seus conhecimentos psicológicos, sua teoria neurológica. Após alguns problemas internos, Janet deixa de fazer parte da Salpêtrière, porém, o período em que lá esteve foi bastante produtivo para seus estudos.

Para Trillat, Janet faz parte de uma terceira via no estudo da histeria e da hipnose, diferenciando-se, portanto, de Charcot e de Bernheim. Sobre a obra do primeiro comenta Janet: *"Charcot cometeu um erro ao imaginar que os fenômenos histéricos eram fatos fisiológicos análogos àqueles que ele observava na esclerose..."*[85]

Janet achava que não era possível utilizar métodos neurológicos para fenômenos de natureza psíquica, como a hipnose e a histeria. A respeito de Bernheim, Janet achava que ele abandonou prematuramente o hipnotismo e que sua teoria era inconsistente: *"A explicação pela sugestão é de fato muito curta. Tem-se a impressão de que é uma introdução ao assunto e não uma doutrina científica."*[86]

O interesse de Janet pela hipnose surge a partir de uma paciente chamada Léonie, que tinha 45 anos e era hipnotizada por um médico já há muito tempo, inclusive à distância.

Após algumas experiências, em 1885 Janet decide escrever uma comunicação à Sociedade Fisiológica de Paris, cujo presidente era Charcot, (e de qual faziam parte médicos, filósofos, poetas etc.) e desperta a atenção dos componentes para este caso. Com o passar do tempo, Janet acredita que o trabalho de Charcot consiste mais num "adestramento" do que num hipnotismo.

Janet passa a se interessar mais por uma análise psicológica, abandonando "a descrição superficial dos sintomas físicos aleatórios" e os "adestramentos". Para ele, era necessário que esses adestramentos fossem além das manifestações superficiais da sugestão, da imitação, da simulação e dos fingimentos. Era preciso, então, descobrir o que não estava à vista, ou seja, o estado mental das histéricas, e a maneira para se chegar a tal objetivo era a utilização da hipnose. Segundo Janet, deste modo poderiam ser compreendidos os mecanismos responsáveis pelos sintomas físicos e psíquicos, pois, devido à plasticidade da histeria, torna-se difícil estudar um sintoma somático isoladamente, já que estes não são "confiáveis"; portanto:

> *"É no espírito que nós temos mais chances de encontrar os estigmas um pouco mais permanentes, coexistindo com todos os outros sintomas."* (Janet, P. "As Neuroses")[87]

Ao falar de estigmas, Janet utiliza-se de forma crítica do termo, para salientar a maneira pela qual os sintomas histéricos eram tratados pelos médicos.

Janet procura compreender a produção de sintomas por intermédio da psicopatologia, tal como Freud fará posteriormente e, para dar conta dos sintomas, elabora uma nosografia psicológica. Nesta se encontra a histeria, ou seja, para ele essa é realmente uma doença e os sintomas histéricos obedecem a um determinismo.

A consciência tem grande importância na obra de Janet. Para ele, o campo da consciência pode ser definido como:

> *"...o maior número de fenômenos simples ou relativamente simples que podem ser reunidos a cada momento, que podem ser simultaneamente ligados à nossa personalidade numa mesma percepção pessoal."* (Janet, P. "Automatismo Psicológico")[88]

Para ele, quanto mais sínteses de elementos simples o sujeito fizer, maior seu campo de consciência e cita como exemplo o maestro, que é capaz de ouvir todos os instrumentos de uma orquestra e, desta maneira, tirar melhor proveito das partituras e dos músicos.

Na histeria, por razões patológicas, ocorre um estreitamento do campo de consciência e o sujeito tem reduzido o número de fenômenos que podem ser apreendidos em uma mesma consciência pessoal. Desta forma, todos os sintomas histéricos são explicados. "Ao preço de uma ginástica intelectual", como diz Trillat.

Porém, a grande contribuição de Janet vem de suas experiências com a hipnose, que possibilitaram o acesso a outro nível de consciência, ou seja, às idéias subconscientes que estão na origem dos acidentes e crises histéricas.

Tal concepção é compartilhada por outros autores da época e influenciará a obra de Freud. A hipnose permite ao homem que tenha contato com aspectos até então desconhecidos do campo da consciência. Nesta época são muito comuns os estudos de casos de múltiplas personalidades que, aliás, aparecem com bastante freqüência na histeria. Janet acreditava que este outro nível de consciência presente nesta era patológico e produzia a redução do campo consciente.

Outro ponto a ser salientado é que Janet não se importava muito com o conteúdo destas idéias subconscientes, mas, somente os efeitos e sintomas que estas produziam sobre o sujeito. Sendo assim, a terapêutica de Janet era fazer com que a idéia patológica fosse substituída por outra saudável, através da hipnose, não se deixando qualquer lembrança de seu estado anterior.

Janet também inova ao dar importância a aspectos da história do sujeito que podem ter sido responsáveis pelos sintomas atuais, dando ênfase à hipótese de Briquet, de que os fenômenos histéricos eram reproduções de paixões antigas, maior consistência.

A obra de Janet tem muitos aspectos em comum com o Século XIX e com alguns dos fundamentos da Psicanálise que revelam sua preocupação com a compreensão da histeria e da alma humana, em contraposição a outros pensadores, que davam maior ênfase ao aspecto moral da histeria. Para Janet, esta era efetivamente uma doença e devia ser tratada como tal, de preferência com a hipnose.

J. Babinski

O "Fin-de-Siècle" foi um período bastante agitado para a humanidade e após a "belle-époque", período de muita prosperidade, o mundo passa por momentos de grande descrença, que iriam culminar na Primeira Guerra Mundial (1914-1918). A expressão "Fin-de-Siécle", passa a designar, segundo Weber (1989), tudo o que fosse decadente, grosseiro e imoral.

Segundo Trillat (1991), na Medicina as grandes descobertas são anteriores a 1900 e a opinião pública passa a ser mais crítica em relação à atuação dos médicos. No que se refere à histeria, alguns estudiosos promoverão o que o autor chama de "desmembramento da histeria", ou seja, vão cair por terra tanto os sintomas clássicos quanto as teses de Charcot e Janet. Para esses estudiosos, deixa de existir a procura de leis psicológicas que justifiquem a doença, o que importa é o sintoma.

J. Babinski (1857-1932) foi aluno de Charcot. Neurologista famoso, ele é quem promove este abandono da obra do mestre, afirmando que tanto a histeria quanto a hipnose eram artificiais. Para ele, as perturbações histéricas eram passíveis de ser reproduzidas através da sugestão e desaparecerem com a persuasão:

> *"A histeria é um estado psíquico que torna o indivíduo que nele se encontra capaz de se auto-sugestionar. Manifesta-se principalmente por distúrbios primitivos e acessoriamente por distúrbios secundários. O que caracteriza os distúrbios primitivos é a possibilidade de reproduzi-los por sugestão com uma exatidão rigorosa em determinados indivíduos e também fazê-los desaparecer sob a influência exclusiva da persuasão. O que caracteriza os distúrbios secundários é que eles são estreitamente subordinados aos distúrbios primitivos."*
> (Babinski, J. "Definição de Histeria")[89]

A utilização do termo sugestão é diferente da de Bernheim, uma vez que Babinski definia a sugestão como *"uma má insinuação, que não é razoável, que é absurda"*.[90]

Por outro lado, o autor se refere à persuasão, que se trata de uma idéia sensata, que deve ser seguida. Baseada nestas convicções, Babinski propõe o termo Pitiatismo para fenômenos que podem ser curados através de persuasão e este termo motivará grandes discussões na Sociedade de Neurologia. Na realidade, o que estava em jogo não era propriamente o termo, mas sim divergências entre grupos que apoiavam Charcot e os que se opunham a ele e a cadeira de neurologia da Salpêtrière.

O que importava para o neurologista era deixar claro que a histeria não pertencia aos domínios da Neurologia, como queria Charcot. Babinski definiu bem estas diferenças, embora o tenha feito de maneira moralista, entre a Neurologia e a Psicologia.

J. Breuer

O vienense J. Breuer (1842-1925) já era um médico famoso quando conheceu Freud em 1870, no laboratório de fisiologia de Brucke. Homem rico e conhecido por sua cultura, teve grande influência na obra de Freud; é a partir dos estudos que ambos fazem a respeito de algumas pacientes histéricas, particularmente Anna O., que terá início a Psicanálise.

Em 1870, Breuer é chamado para tratar Anna O., jovem de vinte anos, muito inteligente e com uma série de sintomas clássicos da histeria, ou, em outras palavras, a "doença manifesta":

"Uma psicose de natureza peculiar, parafasia, um estrabismo convergente, graves perturbações da visão; paralisia (sob a forma de contraturas) completa na parte superior direita e em ambas as extremidades inferiores, parciais na extremidade superior esquerda; paresia dos músculos do pescoço. Uma redução gradual da contratura nas extremidades da mão direita. (...) Um período de sonanbulismo persistente, alterando-se subseqüentemente com estados normais."
(Breuer, J. "Estudos sobre a Histeria")[91]

Breuer influenciado por Charcot, utilizava a hipnose e, na medida em que Anna O. lembrava-se de fatos ocorridos no passado e produzia associações relativas aos seus sintomas, estes desapareciam. Para ele, no estado hipnótico o paciente tinha acesso ao episódio desencadeador dos sintomas e poderia, desta forma, reconhecer os afetos que não puderam manifestar-se, reproduzir as emoções ligadas ao episódio e verbalizar esta vivência. A este trabalho ele dá o nome de "método catártico". Para ele:

> *"Os sintomas histéricos desapareciam imediatamente e sem retorno, quando lográvamos trazer à luz a lembrança do acidente desencadeador, a despertar o afeto ligado a este último e quando, em seguida, o doente descrevia o que lhe tinha ocorrido de modo bastante detalhado e dando à sua emoção uma expressão verbal."* (Breuer, J. "Estudos sobre a Histeria")[92]

Desta maneira, Breuer se opõe ao método da sugestão de Charcot e Babinski e inaugura o que Anna O. batizou, sabiamente, de "a cura pela fala", que culminaria na associação livre de Freud.

Por ter grande importância na formação da Psicanálise, a obra de J. Breuer é mais bem-discutida em um próximo capítulo, em conjunto com a obra de Freud.

COMENTÁRIOS

O Século XIX é um momento histórico que se caracteriza por uma multiplicidade de influências, profundas transformações e avanços tecnológicos, filosóficos e de comportamento.

Por este motivo, não se pode caracterizá-lo sob uma única ótica; tudo deve ser relativizado e entendido de um ponto de vista dinâmico, em que várias correntes se confrontam, somam-se e se relacionam das mais diversas maneiras, provocando uma visão híbrida e contraditória de ciência e de filosofia; enfim, do homem.

No que se refere à histeria, tal ocorrência é clara. O Século XIX tem grandes marcas do Racionalismo iluminista do século anterior, do Romantismo e do Alienismo. É comum que pensadores de determinada corrente filosófica tenham interferências de concepções, à primeira vista absolutamente contraditórias.

A influência do Racionalismo vem da tradição Iluminista, através de um entendimento lógico, coerente, que privilegia o pensamento. Porém, nessa busca racional, sobrepõem-se aspectos que até então não eram levados em conta, tais como as emoções e as experiências particulares, o que demonstra o crescimento de uma nova maneira de se compreender o mundo e deixa explicitado um dos limites do Racionalismo.

Este é ressaltado por Lasègue, quando afirma que os fenômenos históricos não eram passíveis de definições, visto que suas características variavam em todos os sentidos e não poderiam, portanto, ser compreendidas através de uma metodologia racional.

Esta idéia acaba por declarar insuficientes os conhecimentos referentes à histeria obtidos através do pensamento racional. Tal afirmação, vinda de um médico, soa como uma admissão de que ainda existem fenômenos inexplicáveis e que a histeria era um deles.

O Romantismo tem seu desenvolvimento, neste espaço do enigmático, do emocional, da paixão, enfim, de tudo o que era descartado como sendo interferências a serem evitadas. O Alienismo, por outro lado, tem por base a retirada do doente de seu convívio, ou seja, a exclusão, que se sustenta na sua não-adaptabilidade às normas sociais.

É importante lembrar que a produção freudiana tem sua origem nesta situação limite do Racionalismo e, frente a este, vão se experimentando novas possibilidades que possam auxiliar na compreensão da histeria.

A relação dinâmica destas várias escolas de pensamento fica evidente quando se analisam as opiniões dos médicos sobre a histeria. Louyer-Villermay, por exemplo, acredita que esses sintomas têm sua origem no útero. Para provar tal teoria, faz uma análise detalhada do funcionamento deste e de suas funções, para somente depois falar das interferências das paixões e das emoções sobre ele. Existe um cuidado em fundamentar fisiologicamente suas hipóteses, para então levantar a questão do ponto de vista emocional.

Este caminho seria repetido mais tarde por Freud, em sua passagem do ponto de vista neurológico para o psicológico. É importante ressaltar que existe uma dupla influência nos estudos deste autor. Nota-se a convivência do médico racionalista com o pensamento romântico. A influência do Romantismo é mais evidente neste momento em que o feminino passa a despertar o interesse científico, quando a sexualidade e a sensibilidade de seu universo passam a fazer parte das descrições médicas.

Este súbito interesse evidencia a presença romântica. O Racionalismo e sua pretensa assepsia não levavam em conta tais aspectos, o universo racional era estritamente masculino e o Romantismo, questionando o uso indiscriminado da razão, dá ao contexto feminino novas dimensões. Por este motivo é muito comum, nessa fase, a sua idealização, tanto em suas virtudes quanto em seus defeitos.

A influência do Alienismo tem em Pinel grande destaque, já que boa parte de seu trabalho, em Bicêtre e na Salpêtrière, era com pacientes internados. Sua prática consistia em construir em torno deles normas que seguiam regras morais e de comportamento e eles eram constantemente julgados, punidos e elogiados, de acordo com sua conduta.

Com estas condições de trabalho, Pinel pôde fazer valiosas observações e descrições detalhadas dos sintomas histéricos, ou seja, a partir do modelo do Alienismo, pôde buscar um entendimento racional e objetivo da histeria.

Para ele, os variados sintomas tinham origem na abstinência sexual e a melhor solução para estes casos era o casamento. Novamente a "teoria uterina" toma força. Os médicos que ainda levavam em conta esta teoria, em pleno Século XIX, parecem ter noção de que a histeria tem estreita ligação com a sexualidade, mas tais relações são buscadas concretamente.

Como no passado, a sexualidade não era compreendida de um ponto de vista psíquico e simbólico e qualquer disfunção nesta área era procurada na concretude do órgão envolvido, na fisiologia. Este erro foi repetido por Freud, ao defender sua "teoria da sedução", e que o colocou frente a um impasse profissional, pessoal e teórico só superado através de sua auto-análise e com a publicação de "A Interpretação dos Sonhos".

O fim definitivo da "teoria uterina" se dá com Georget, através da utilização do mesmo Racionalismo que até então lhe dava sustentação. Para ele, a origem da histeria está no cérebro e os avanços da anatomia não deixam mais dúvida a este respeito: é uma afecção neurológica, que se caracteriza por convulsões e perda das capacidades intelectuais.

A partir deste trabalho, a histeria passa definitivamente a fazer parte do campo de estudos da Neurologia, e é aí que se encontram os maiores avanços no seu estudo. Tal lembrança é importante, uma vez que é daí que toda a metodologia racionalista da Neurologia passa a ser aplicada na busca de um entendimento da histeria, propiciando uma sólida base para a obra de Freud, uma vez que foi a partir de sua formação que ele tomou contato maior com a doença.

Briquet também tem grande parte de sua experiência proveniente do Alienismo e de sua formação racionalista. Aproxima-se do modelo romântico, na medida em que considera a histeria uma "neurose do encéfalo", em que o paciente perde o controle sobre suas paixões e emoções e passa a repeti-las, de acordo com o conteúdo destas, de maneira desordenada.

Por este motivo, a atenção deve estar voltada às circunstâncias que cercam a vida do paciente, relacionando-as aos sintomas, portanto, passam a ter um sentido e ser compreendidos como elementos constitutivos da doença. Para ele, as fortes emoções provocam lesões nos órgãos atingidos, tal opinião também será defendida por Freud no início de sua carreira.

Sendo assim, os sintomas reproduzem, de uma determinada maneira, as manifestações passionais que lhe deram origem e, neste sentido, eles podem ser compreendidos. Tal raciocínio é tipicamente romântico e será retomado em suas diretrizes básicas pela Psicanálise, de um ponto de vista simbólico. Também chama a atenção a relação que Briquet estabelece entre o sintoma e uma determinada emoção e esta demonstra a preocupação do autor em conteúdos associados a diferentes experiências, que acabam por interferir no comportamento e nos atos humanos. Esta preocupação reflete o quanto as doutrinas associonistas influenciaram a comunidade científica do Século XIX, com fundamental importância na formulação de "A Interpretação dos Sonhos".

As influências do Romantismo vão se tornando cada vez mais evidentes e um forte sinal disto é o sucesso obtido por discípulos de Mesmer em aparições públicas e em publicações a respeito do magnetismo. Aos poucos tais apresentações vão chamando a atenção de filósofos, cientistas e médicos. Um destes é o cirurgião Braid, que a princípio demonstra-se cético, porém atraído pelo sono magnético. A partir deste interesse, Braid produziu uma série de estudos sobre o assunto e chegou à conclusão de que não existia o fluido magnético, ao qual Mesmer se referiu, e que o efeito do sono era obtido em função de uma concentração de atenção.

A contribuição de Braid foi a utilização do termo hipnose pela primeira vez e a conclusão de que os sintomas histéricos podem ser produzidos, através da hipnose, em pessoas sãs. De certa maneira, ele sintetiza este período, pois, sua formação médica se defronta com o desconhecido, a histeria, buscando explicação racional a uma situação de natureza não-racional; tal circunstância é sem dúvida ambígua e característica do momento histórico.

Com as descobertas de Braid, surge uma nova maneira de se estudar e entender a histeria através da hipnose. Ainda que o hipnotismo não seja aceito pela comunidade científica, muitos estudos são produzidos e abrem-se novas possibilidades na produção do conhecimento. Entre estes, encontra-se a obra de Azam, professor de Medicina, que teve contato com a obra de Braid e utilizou o hipnotismo em casos de histeria, obtendo bons resultados.

Para Azam, o estado hipnótico é indicativo de que existem outras personalidades, cujo único acesso é a hipnose. Sua contribuição é, sem dúvida, o de considerar a histeria como um desdobramento da personalidade, o que implica em aspectos desconhecidos ou não aceitos dela, que são conflitantes e desagradáveis para os padrões da pessoa.

Tal convicção chama a atenção para os aspectos psíquicos da histeria, pouco discutidos até então, abrindo a perspectiva da existência de um outro estado de consciência desconhecido do indivíduo. A influência romântica na obra de Azam fica por conta da ênfase aos estados alterados de consciência, do desdobramento de personalidade e, principalmente, da atenção ao contexto do psíquico, da interioridade e da subjetividade.

É importante ressaltar, também, a maneira como o autor coloca a existência dos estados alterados de consciência como sendo conseqüência de conteúdos não aceitos pelos padrões morais da pessoa e que acabam por provocar os sintomas. Tal idéia se aproxima bastante do conceito de repressão que Freud formulará futuramente.

Porém, a mais importante colaboração destes pensadores é o hipnotismo. Através dessa técnica se chega à conclusão de que existem estados alterados de consciência que nos são desconhecidos e relacionados aos afetos, às emoções e às paixões.

O estudo do hipnotismo evidencia um limite do Racionalismo, ao abrir a possibilidade de que o pensamento humano não é exclusivamente racional e consciente, e permite que vários médicos dediquem-se a estudar a dissociação da consciência, entre estes Charcot, Bernhein, Janet e Breuer. Todos estes nomes têm grande influência no trabalho de Freud, seja através de contatos pessoais, de leituras, ou por correspondência. É a partir da idéia da dissociação da consciência, muito freqüente neste século, que será possível a Freud articular uma série de hipóteses a respeito da histeria, baseadas no conceito de Inconsciente e a organizá-las posteriormente, enquanto teoria, em sua obra "A Interpretação dos Sonhos".

Os limites do Racionalismo fazem com que se busquem novas maneiras de obter conhecimento, que se corrijam falhas e se pesquisem novas técnicas mais adequadas ao seu objeto de estudo. Neste sentido, a obra de Charcot é de fundamental importância no estudo da histeria, uma vez que se apropria de pressupostos românticos, objetivando um entendimento racional da patologia e influenciando toda uma geração de grandes nomes.

Charcot, que já era uma autoridade no assunto, antes mesmo de dedicar-se a estudar a hipnose, teve contato com a obra de Burq e com as publicações de Braid, tirando suas próprias conclusões relacionadas à histeria e à hipnose: a primeira era fruto de uma autosugestão hipnótica e seu tratamento consistia em se fazer uma sugestão que restabelecesse o equilíbrio perdido. Seu mérito é realizar um trabalho consistente e dar à hipnose um caráter científico a partir de sua experiência clínica.

A obra de Charcot traz, de maneira clara, a coexistência das principais influências deste século. Seu trabalho na Salpêtrière oferece inúmeras oportunidades de observar e estudar a histeria. O Racionalismo é o principal motivador de sua obra, já que sua busca rumo ao entendimento do fenômeno da doença é constante. A influência racionalista está, como em todos os trabalhos vistos até aqui, na tentativa de se obter um entendimento objetivo do assunto e, neste sentido, a descrição detalhada do quadro clínico da histeria realizada por Charcot é emblemática.

Era necessário, primeiramente, reconhecer os sintomas da doença, para depois realizar um estudo a respeito da interferência da Neurologia na origem das paralisias, contrações, convulsões e anestesias. Charcot busca encontrar as leis que definam os sintomas histéricos, fazendo relações entre estes e os neurológicos, anotando diferenças e semelhanças que pudessem vir a justificar formas tão diversas.

Nesta busca racionalista, defrontou-se com a hipnose uma técnica utilizada por charlatões e não reconhecida pelas autoridades científicas, passando a utilizá-la em suas pesquisas. Embora o hipnotismo seja uma influência romântica, o uso que Charcot fazia dele é racional; suas pesquisas e condutas clínicas legitimam a utilização e abrem novas possibilidades em relação à histeria.

A influência de Charcot é evidente em todos os trabalhos posteriores e, apesar de encontrarmos diferenças entre outras escolas de pensamento, citações de seu trabalho são constantes. Tais características também estão presentes na obra de Bernhein, porém, a utilização que ele faz do hipnotismo se aproxima do modelo romântico, uma vez que valoriza mais o elemento humano, as emoções e as vivências particulares de seus pacientes.

É grande a influência dos trabalhos de Charcot e de Bernhein nas primeiras obras de Freud, pois, ele usa os mesmos princípios e as mesmas técnicas que os dois. Para estes médicos, a histeria era fruto de uma sugestão e a cura para os sintomas era introduzir, através da hipnose, outra sugestão. A hipnose, portanto, era uma maneira de se conseguir acesso a aspectos que não faziam parte da consciência e, também, um modo de exercer a sugestão, com o objetivo de acabar com os sintomas histéricos. Tal método foi também descrito por Freud em 1895.

Outro nome importante para o estudo da histeria foi o de Janet. Após ter trabalhado com Charcot na Salpêtrière, produziu uma série de estudos questionando-o, por achar que este tinha um entendimento puramente fisiológico da histeria. Em relação ao estudo de Bernhein, as críticas advinham do fato dele considerar sua "teoria da sugestão" inconsistente. O fato de Janet estudar a histeria é uma novidade, pois pela primeira vez um filósofo se preocupa com uma doença que até então era vista unicamente do ponto de vista médico.

Para ele, os sintomas histéricos não poderiam ser considerados como de origem neurológica e/ou fisiológica, pois, a natureza de tais sintomas era, na realidade, psíquica e, portanto, a metodologia a ser utilizada deveria ser a psicológica, diferentemente do que fazia Charcot.

No Século XIX, portanto, a histeria tem um percurso interessante, pois, no início, os estudos sérios eram realizados somente por médicos. Com o passar dos anos, passa-se a admitir a validade da presença de curandeiros e seus métodos pouco convencionais como tendo validade clínica.

A partir daí os métodos não ortodoxos vão sendo cada vez mais estudados e faz-se necessária a presença de conhecimentos advindos de outras formações acadêmicas e por isto a presença do filósofo Janet é bastante representativa neste caminho, tanto que Charcot pretendia que este desse substrato psicológico às suas teorias neurológicas. A história deste distanciamento entre a histeria e a Medicina, no Século XIX, reflete a influência do Romantismo na ciência, o que é vivenciado concretamente no desenvolvimento da obra de Breuer e Freud.

Breuer, famoso médico vienense, tem grandes influências do trabalho de Charcot, pois esse se utilizava da hipnose para ter acesso à vivências passadas de seus pacientes, despertando emoções e afetos não manifestados na ocasião. Breuer chama este método de catártico e este será detalhado mais à frente no capítulo dedicado a Freud.

A obra freudiana vem deste caldeirão de influências destacando-se a Neurologia como campo legítimo para o estudo da histeria, a utilização do hipnotismo para o seu tratamento, a hipótese da dissociação da consciência, o deslocamento de uma ênfase do aspecto somático para o psíquico, a sugestão, e a importância dos afetos e das emoções nos sintomas histéricos.

Também chama a atenção a maneira como, de uma hora para outra, a questão da sexualidade deixa de ter importância para os estudiosos. Assim como a histeria e a hipnose, a sexualidade também define um dos limites do Racionalismo, uma vez que se coloca como um enigma, algo desconhecido sobre o qual o homem não tem controle. A produção freudiana surge deste impasse e busca esclarecer o que se encontra obscuro, retomando o estudo da importância da sexualidade na histeria.

O que ficou como influência desse século foi: 1) a hipótese da dissociação psíquica; 2) o mecanismo de supressão de conteúdos desagradáveis do campo de consciência; 3) a importância da sexualidade na origem dos sintomas histéricos; 4) a convicção de que os sintomas têm um sentido e que este pode ser descoberto; 5) a importância dos afetos e das emoções na constituição dos sintomas, e 6) o interesse pelo associonismo.

Seguramente todos os aspectos ressaltados acima faziam parte das preocupações de Freud, desde que ele iniciou seus estudos a respeito da histeria, porém, eles somente encontrarão em "A Interpretação dos Sonhos" a sua conclusão. É importante salientar que na gestação desta obra alguns aspectos foram abandonados, já que não faziam mais sentido para Freud, principalmente a hipnose.

Parte II

... PARA ALÉM DOS SONHOS

Capítulo 1

S. Freud e a Psicanálise

O criador da Psicanálise, Sigmund Freud (1856-1939), filho de família pobre, nasceu em Freiberg e aos quatro anos foi morar em Viena. Durante o período escolar sempre se destacou e decidiu fazer Medicina, influenciado pelas teorias de Darwin e por um famoso ensaio de Goethe, "Sobre a Natureza".

Ao entrar na universidade, enfrentou problemas por ser judeu, o que, segundo ele, ajudou-o a enfrentar "o destino de estar na oposição". No princípio de sua carreira, dedicou-se à pesquisa no laboratório de fisiologia de Ernest Brucke, porém, a conselho de um professor, resolve trabalhar no Hospital Geral. Em 1883, na clínica de Theodor Meynert (1833-1892) trabalha no laboratório de Neurologia, desenvolvendo pesquisas em neuro-anatomia.

Em 1885 ganha uma bolsa de estudos e viaja para Paris com o objetivo de estudar na Salpêtrière de Charcot:

"Quando me candidatei ao prêmio da Bolsa de Estudos do Fundo do Jubileu Universitário, referente ao ano de 1885-86, expressei minha intenção de dirigir-me ao Hospice de la Salpêtrière, em Paris, e de ali continuar meus estudos de neuropatologia. Diversos fatores contribuíram para essa escolha. Em primeiro lugar, havia a certeza de encontrar reunido na Salpêtriére um grande acervo clínico que, em Viena, só pode ser encontrado de forma dispersa pelos diversos departamentos, não sendo, portanto de fácil acesso. Além disso, havia o grande nome de J. M. Charcot, que há dezessete anos vinha trabalhando e lecionando em seu hospital. (...)" (Freud, S. - "Relatórios sobre meus estudos em Paris e Berlim")[1]

Freud demonstra mais claramente quais os seus principais interesses:

"Em decorrência da escassez de qualquer contato pessoal estimulante entre médicos de língua francesa e alemã, as descobertas da escola francesa – algumas (sobre hipnotismo) deveras surpreendentes e outras (sobre histeria) de importância prática – foram recebidas, em nossos países, mais com dúvidas do que com reconhecimento e crédito." (Freud, S. – "Relatórios sobre meus estudos em Paris e Berlim")[1]

O interesse de Freud pela histeria e pela hipnose aproximou-o de Charcot, levando-o a traduzir alguns de seus trabalhos para o alemão e prefaciando a edição alemã de "As Conferências sobre as Doenças do Sistema Nervoso", em 1886.

Freud se interessa pela hipnose, na realidade, desde os tempos de estudante, quando assistiu a uma demonstração pública de Carl Hansen (1833-1897), famoso mesmeriano dinamarquês.

Apesar de ser considerado uma fraude em Viena, os trabalhos hipnóticos foram bastante estudados na França e é importante lembrar que foi Azam quem deu crédito ao trabalho de Braid, o "inventor" da hipnose. Muitos cientistas franceses dedicaram-se ao estudo dessa técnica, como Charcot, Liébeault, Bernhein (Freud prefaciou uma obra desse último, "Suggestion", em 1888), e Janet, entre outros.

Ao retornar a Viena no ano seguinte, apresenta um relatório a respeito de sua viagem, que é recebido com frieza e indiferença, principalmente por Meynert, que considera o trabalho com a hipnose não científico e a cujas críticas Freud rebate na resenha de "Hipnotismo" (1889), de Auguste Forel (1848-1931), e em um verbete a respeito de "Hipnose" (1891) para um dicionário de Medicina. As críticas que recebe por estudar a hipnose não o assustam e ele passa a dedicar-se ao estudo das doenças nervosas, utilizando-se desta técnica.

A maneira de Freud utilizar a hipnose mudou com o passar do tempo. No início de seus estudos ele dedicava-se ao fenômeno da sugestão, tal como Braid e Charcot, como atesta o verbete citado acima e "Um Caso de Cura pelo Hipnotismo" – onde faz alguns comentários sobre a origem dos sintomas histéricos através da "contravontade" (1892-1893).

Neste estudo, Freud relata o caso de uma mulher que tinha entre vinte e trinta anos de idade com dificuldade na amamentação de seu primeiro filho. Paralelamente a este problema, a paciente também tinha a perda de apetite e insônias freqüentes. Quando, frente a estes sintomas, a família optou por contratar uma "ama-de-leite", os problemas deixaram de existir. Quando vieram os outros filhos, voltaram os sintomas, e os médicos da família, entre eles o Dr. Breuer, recomendaram que se tentasse a sugestão hipnótica. É então que Freud vai até a casa da paciente, onde é recebido friamente, para hipnotizá-la:

"Logo tratei de induzir a hipnose por meio da fixação do olhar, ao mesmo tempo em que fazia constantes sugestões referentes aos sintomas do sono. (...) Utilizei a sugestão para contestar todos os seus temores e os sentimentos em que estes temores se baseavam: 'Não tenha receio! Você vai poder cuidar muito bem do seu bebê, ele vai crescer forte. O seu estômago está perfeitamente calmo, o seu apetite está excelente, você já está na expectativa da próxima refeição, etc.'" (Freud, S. – "Um Caso de Cura pelo Hipnotismo")[2]

A paciente obteve melhoras, apesar da preocupação do marido relativa à hipnose, e em três sessões hipnóticas já amamentava seu filho, alimentava-se normalmente e tinha o seu sono recuperado.

Após o relato clínico do caso, Freud escreve sobre o "mecanismo psíquico" do distúrbio da paciente. Para ele, nas neuroses ocorrem "idéias antitéticas aflitivas", ou seja, idéias que se opõem às intenções do sujeito e que não permitem que ele mantenha a autoconfiança, características da saúde, afastando pensamentos e associações enfraquecedoras do campo de consciência. No caso da histeria:

"A idéia antitética aflitiva é removida da associação das idéias juntamente com a intenção e continua a existir como idéia desconectada de seu contexto, muitas vezes sob uma forma da qual o paciente não tem consciência. É extremamente característico da histeria que, quando chega o momento de se por em execução a intenção, a idéia antitética consegue manifestar-se através da inervação do corpo. (...) A idéia antitética se erige, afirma-se, por assim dizer, como uma 'contravontade', ao passo que o paciente, surpreso, apercebe-se de que tem uma vontade que é resoluta, porém impotente."
(Freud, S. – "Um Caso de Cura pelo Hipnotismo")[3]

Mais à frente, Freud relaciona os sintomas histéricos à ação da supressão deste grupo de idéias:

"Talvez, na realidade, (...) o estado histérico possivelmente seja produzido pela supressão laboriosa." (Freud, S. - "Um Caso de Cura pelo Hipnotismo")[4]

Já é perceptível, neste texto, a atenção que Freud dá a aspectos que não são conscientes e que interferem no cotidiano do sujeito, assim como os primeiros indícios de uma teoria da repressão, que possibilitarão a ele fundamentar sua noção de inconsciente. Talvez por ainda não estar em seus planos a construção de um modelo da alma humana, Freud passa sem muito interesse por estes conceitos que fundamentarão a Psicanálise; seu único interesse explícito, neste momento é:

"Individualizar o mecanismo psíquico básico do distúrbio e correlacioná-lo com fatos semelhantes da área da neuropatologia." (Freud, S. – "Um Caso de Cura pelo Hipnotismo")[5]

E por este motivo:

"...não estou levando em consideração os aspectos psicológicos de tal estado (histérico). Aqui me interessa simplesmente

por que os sintomas assumem a forma particular sob a qual o vemos ". (Freud, S. – "Um Caso de Cura pelo Hipnotismo")[6]

As pesquisas empreendidas por Freud nesta época são referentes à Neurologia, sem se interessar pelos aspectos psicológicos; dessa fase temos uma publicação que, segundo James Strachey, o editor inglês das obras de Freud, é o "divisor de águas" entre seus escritos neurológicos e psicológicos. Este texto é "Alguns Pontos para um Estudo Comparativo das Paralisias Motoras Orgânicas e Histéricas" (1893), cujas três primeiras partes foram escritas entre 1886-1888, época que escreveu seu relatório de Paris, e 1893, visto que aparece uma citação de "Comunicação Preliminar" (1893). A mudança de rumos a que se refere Strachey fica bastante evidente quando Freud afirma no final da terceira parte que:

"Eu afirmo que a lesão nas paralisias histéricas deve ser completamente independente da anatomia do sistema nervoso, pois, nas suas paralisias e em outras manifestações, a histeria se comporta como se anatomia não existisse, ou como se não tivesse conhecimento desta." (Freud, S. – "Alguns Pontos para um Estudo Comparativo das Paralisias Motoras Orgânicas e Histéricas")[7]

E continua mais à frente, no início da quarta parte:

"Tentarei mostrar que pode haver modificação funcional sem lesão orgânica concomitantemente – ou, ao menos, sem lesão nitidamente perceptível até a mais minuciosa análise. Em outras palavras, darei um adequado exemplo de modificação de uma função básica, primitiva; e, com essa finalidade, somente peço permissão para passar à área da psicologia – que dificilmente se pode evitar, em se tratando de histeria." (Freud, S. – "Alguns Pontos para um Estudo Comparativo das Paralisias Motoras Orgânicas e Histéricas")[7]

Aqui Freud começa timidamente a direcionar a compreensão da histeria para a Psicologia; uma posição bastante diferente da do neurologista de pouco tempo atrás. Para ele, a explicação para as paralisias histéricas consistia em que:

> *"O órgão paralisado ou a função abolida estão envolvidos numa associação subconsciente, que é revestida de uma grande carga de afeto e pode ser demonstrado que o braço tem seus movimentos liberados tão logo essa quantidade de afeto seja eliminada."* (Freud, S. – "Alguns Pontos para um Estudo Comparativo das Paralisias Motoras Orgânicas e Histéricas")[8]

E conclui:

> *"Penso que está em completo acordo com nossa opinião geral acerca da histeria, já que conseguimos moldá-la segundo o ensinamento de Charcot, ao supor que a lesão, nas paralisias histéricas, não consiste senão na incapacidade do órgão ou função em exame de ter acesso às associações do ego consciente; que essa modificação puramente funcional é causada pela fixação dessa concepção numa inconsciente associação com a lembrança do trauma; e que essa concepção não fica liberada e acessível enquanto a carga do afeto do trauma psíquico não for eliminada por uma reação motora adequada ou pela atividade psíquica consciente."* (Freud, S. – "Alguns Pontos para um Estudo Comparativo das Paralisias Motoras Orgânicas e Histéricas")[8]

Nos fragmentos citados já se nota a influência de Breuer, no trabalho de Freud. Aparecem os termos inconsciente e subconsciente, que demonstram que Freud já tem em mente outro entendimento da histeria, que vão culminar na "teoria do trauma" e do "método catártico", de "Estudos sobre a Histeria" (1893-1895).

Este trabalho tem na sua primeira parte uma reimpressão de "Comunicação Preliminar" (1893), escrito conjuntamente por Breuer e Freud, que logo no primeiro parágrafo definem os objetivos da hipnose, em casos de histeria:

"Em geral é necessário hipnotizar o paciente e despertar, sob hipnose, suas lembranças da época em que o sintoma surgiu pela primeira vez; feito isto, torna-se possível demonstrar a conexão causal, da forma mais clara e convincente." (Breuer, J. & Freud, S. – "Estudos sobre a Histeria")[9]

A busca de uma conexão causal possibilita que se tenha acesso a uma experiência traumática, que é a gênese da histeria, e o melhor acesso a esta conexão era via hipnose. Decorrem daí dois fatores importantes: 1) uma diferença em relação ao trabalho de Charcot, que entendia a origem da histeria como sendo de natureza fisiológica e, portanto, sem se preocupar com os aspectos psicológicos envolvidos nos sintomas histéricos; 2) outra utilização da hipnose, ela deixa de ser um método de sugestão, para se tornar um método de investigação. O objetivo dos "Estudos sobre a Histeria" é possibilitar que se compreenda como:

"É que o método psicoterapêutico, que descrevemos nestas páginas, tem efeito curativo. Elimina a eficácia (patogênica) da idéia que não fora ab-reagida por ocasião da experiência traumática, permitindo que sua emoção estrangulada encontre uma saída através da fala; e submetesse essa idéia à correção associativa, introduzindo-a na consciência normal (sob hipnose leve) ou eliminando-a por sugestão do médico, como se faz no sonambulismo acompanhado de amnésia." (Breuer, J. & Freud, S. – "Estudos sobre a Histeria")[10]

A utilização que Breuer e Freud faziam do hipnotismo era diferente da escola francesa, pois não se baseava na sugestão e produção de sintomas, mas sim em elaborar questões aos pacientes a respeito da origem desses.

A partir daí, desenvolvem uma técnica em que o paciente era levado a "exprimir em palavras a fantasia emotiva pela qual se achava dominado". A hipnose era usada para se ter acesso a conteúdos inacessíveis na vigília; e, desta forma, buscava-se uma situação que tivesse originado determinado sintoma. Quando o paciente retomava a lembrança do episódio traumático, o sintoma desaparecia, ou seja, "os sintomas tinham significado e eram resíduos ou reminiscências daquelas situações emocionais".

A terapêutica para a histeria era fazer com que as pacientes pudessem obter descarga emocional de traumas vividos no passado (ab-reagir). A este trabalho Breuer denominou "método catártico".

Na segunda parte dos "Estudos sobre a Histeria", encontram-se cinco casos clínicos que foram tratados através do "método catártico"; entre estes se destaca o caso que originou o livro, o método e a Psicanálise: "Anna O."

Paciente de Breuer, Anna O. tinha vinte e um anos quando adoeceu, em 1880. Seus sintomas iam desde paralisias, anestesias, perturbações de visão e da fala, incapacidade de alimentar-se, até dupla personalidade. Breuer salienta em suas descrições a sua inteligência, cultura e seus "grandes dotes poéticos e imaginativos, que se achavam sob o controle de um bom senso agudo e crítico", e sua amabilidade.

A doença começou a manifestar-se quando seu pai adoeceu, em julho de 1880, vindo a falecer em abril no ano seguinte. No início da doença do pai, ela cuidava dele e aos poucos deixa de tomar conta de si mesma. Primeiro deixa de se alimentar e...

"O estado de debilidade, anemia e aversão pelos alimentos se agravou de tal forma que para seu grande pesar, não lhe permitiam mais que continuasse a cuidar do paciente. A causa imediata disto foi uma tosse muito intensa, razão pelo qual a examinei pela primeira vez. (...) No início de dezembro surgiu um estrabismo convergente. Um oftalmologista explicou isso (erroneamente) como devido à paresia de um dos abdutores. Em 11 de dezembro a paciente ficou de cama e assim permaneceu até 1° de abril." (Breuer, J. – "Fraulein Anna O.")[11]

A partir daí outros sintomas somaram-se aos descritos acima, e nesse momento Breuer é chamado:

> *"Foi enquanto a paciente estava nesse estado que comecei a tratá-la, havendo imediatamente reconhecido a gravidade da perturbação psíquica com a qual eu tinha de lidar. Havia dois estados de consciência inteiramente distintos que se alternavam com muita freqüência e abruptamente, e que se tornavam cada vez mais diferenciados no curso da doença. Em um destes estados ela reconhecia seu ambiente; estava melancólica e ansiosa, mas relativamente normal. No outro tinha alucinações e ficava 'travessa' - isto é, ofensiva, e jogava almofadas nas pessoas, arrancava botões da roupa de cama e de suas peças íntimas, e assim por diante."* (Breuer, J. – "Fraulein Anna O.")[12]

Quando seu pai morreu, em 5 de abril, ela teve violentas explosões, seguidas por estupor, que duravam em média dois dias. Voltaram as restrições visuais e surgiram dificuldades em reconhecer pessoas próximas. Outro dado interessante era que a paciente só falava inglês e não compreendia o que lhe diziam em alemão.

Breuer hipnotizava Anna O. para que, neste estado, ao falar de seus sintomas, ela pudesse se ver livre da carga de produtos imaginativos acumulada. Em uma ocasião, porém, ocorreu algo que chamou a atenção de Breuer:

> *"Quando isso aconteceu pela primeira vez – quando, como resultado de uma fala acidental e espontânea dessa natureza, durante a hipnose do anoitecer, uma perturbação que persistia por considerável tempo desapareceu – fiquei muito surpreendido. Tinha havido, no verão, uma época de calor intenso e a paciente sofria de sede horrível, pois, sem que pudesse explicar a causa, viu-se de repente impossibilitada de beber. Tomava na mão o cobiçado copo de água mas, assim que o tocava com os lábios, repelia-o como hidrófoba. Nesses poucos segundos, ela se achava evidentemente em estado de ausência. (...) Quando isso já durava perto de seis semanas, falou, certa vez, durante a hipnose, a*

respeito de sua dama de companhia inglesa, de quem não gostava e contou, então, com demonstrações da maior repugnância que, tendo ido ao quarto dessa senhora, viu, bebendo num copo, o seu cãozinho, um animal nojento. Nada disse, por polidez. Depois de exteriorizar energicamente a cólera retida, pediu de beber, bebeu sem embaraço grande quantidade de água e despertou da hipnose com o copo nos lábios. A perturbação desapareceu definitivamente. Grande número de caprichos extremamente obstinados foram eliminados de forma semelhante, depois de ela haver descrito as experiências que as ocasionaram." (Breuer, J. – "Fraulein Anna O.")[13]

O que o leva a concluir que:

"Esse achado tornou possível chegar-se a um método técnico terapêutico que nada deixava a desejar em sua coerência lógica e aplicação sistemática. Cada sintoma individual neste caso complicado era considerado isoladamente; todas as ocasiões em que tinha surgido era descrito na ordem inversa, começando pela época em que a paciente ficara acamada e voltando ao fato que levara à sua primeira aparição. Quando isso tinha sido descrito, o sintoma era eliminado definitivamente." (Breuer, J. - "Fraulein Anna O.")[13]

Estão lançadas, neste trecho, as bases de uma nova compreensão da histeria e uma terapêutica para tais casos: o "método catártico".

O mecanismo dos sintomas histéricos funcionava da seguinte maneira: algumas emoções, ou quantidade de excitação, não são "descarregadas" por um reflexo normal e, portanto, convertem-se em manifestações somáticas:

"A excitação intracerebral, que originariamente pertence à emoção, foi transformada em processo excitatório nas vias periféricas. O que era originalmente uma idéia emotiva, agora não mais provoca a emoção, mas apenas o reflexo anormal." (Breuer, J. – "Fraulein Anna O.")[14]

A somatização ocorre em órgãos que são mais frágeis em cada pessoa, ou seja, quem tem problemas cardíacos tem maiores chances de que os sintomas histéricos manifestem-se através de taquicardias e palpitações.

Para Breuer, as emoções que não puderam encontrar expressão também "não podem ser eliminadas pela elaboração por meio da associação". A este respeito, o autor afirma:

"Nossas observações mostram duas maneiras pelas quais as idéias emotivas podem ser excluídas da associação. A primeira é a defesa, a supressão deliberada de idéias penosas que pareçam ameaçar a felicidade ou o amor próprio do indivíduo. (...)
Verificamos ainda que existe outra espécie de idéia que permanece isenta de desgaste pelo pensamento. Isto pode acontecer, não porque não se queira lembrar a idéia, mas porque não se pode lembrá-la: porque ela originariamente surgiu e foi dotada de emoção em estados com relação aos quais há amnésia na consciência de vigília - isto é, na hipnose ou estados semelhantes a ela. Os últimos parecem ser da mais alta importância para a teoria da histeria e, em conseqüência, merecem exame mais completo." (Breuer, J. – "Considerações Teóricas")[15]

Neste trecho já se encontram as bases da Psicanálise, a saber, os fundamentos do conceito de repressão e a existência de um outro estado de consciência, a qual só é possível o acesso através da hipnose: o inconsciente.

"...se a lembrança do trauma psíquico deve ser considerada tão atuante quanto um agente contemporâneo, como um corpo estranho, muito depois da sua entrada forçosa, e se, não obstante, o paciente não tem nenhuma consciência de tais lembranças ou do surgimento delas - então devemos admitir que idéias inconscientes existem e são atuantes." (Breuer, J. - "Considerações Teóricas")[16]

Pode-se ver claramente que a passagem da "teoria dos traumas" para a Psicanálise não ocorre de um momento para o outro, mas sim lentamente, por intermédio do desenvolvimento feito por Freud sobre a teoria de Breuer, tanto que o primeiro atribuiu a invenção da Psicanálise ao segundo.

O ponto comum e simultaneamente "divisor de águas" entre Breuer e Freud é a hipnose. Já nesta época, Freud passa a questionar tal técnica, visto que alguns pacientes não eram hipnotizáveis, o que inviabilizava sua utilização.

Ao abandonar o hipnotismo, se depara com aspectos de suas pacientes que anteriormente não eram tão claros. A hipnose permitia que o paciente tivesse acesso a conteúdos desconhecidos na vigília, e vem a questão:

> "Como ocorrera que os pacientes se haviam esquecido de tantos dos atos de suas vidas externas e internas, mas podiam, não obstante, recordá-los se uma técnica específica fosse aplicada?" *(Freud, S. – "Um Estudo Autobiográfico")*[17]

O próprio Freud responde:

> *"A observação forneceu uma resposta exaustiva a essa pergunta. Tudo o que tinha sido esquecido, de alguma forma ou de outra, fora aflitivo; fora ou alarmante, ou penoso, ou vergonhoso pelos padrões da personalidade do indivíduo."*
> (Freud, S. – "Um Estudo Autobiográfico")[17]

Embora ainda não existisse uma formulação feita sobre o inconsciente, tal concepção está presente no pensamento freudiano desde o início de sua carreira, e irá fundamentar toda sua compreensão das neuroses, seja utilizando a sugestão, o "método catártico", a "teoria da sedução", ou a Psicanálise.

Breuer e Freud se afastam quando o segundo passa a relacionar os traumas vividos pelos pacientes com aspectos de sua vida sexual.

Para ele, "Os Estudos sobre a Histeria" não procuravam a etiologia da patologia. Ao iniciar suas pesquisas sobre este tema, Freud percebe que as situações traumáticas a que se referiam as pacientes histéricas eram de natureza sexual. Com esta idéia em mente, Freud passa a investigar a vida sexual de pacientes. A partir destes estudos ele abandona o hipnotismo, "porque estava ansioso por não ficar restringido ao tratamento de condições histeriformes". Tal afirmação revela seu interesse em dar maior alcance e amplitude aos seus estudos. Porém, a Psicanálise ainda estava latente, e neste período, a obra de Freud revela tal estado: seus escritos estavam se distanciando aos poucos da opinião de seu mestre.

Em "As Neuropsicoses de Defesa" (1894), a presença de Breuer é grande, já que a colaboração entre os dois estava no seu ápice. Porém, algumas idéias fundamentais da Psicanálise estão presentes neste trabalho. Por exemplo: Freud utiliza alguns termos interessantes, como "análise psíquica" e "histeria de defesa". O primeiro se referia a um método terapêutico para a histeria, e chama a atenção por não se falar em "método catártico", embora fosse esta a sua técnica neste momento.

Já o termo "histeria de defesa" era utilizado por Freud para distingui-la da histeria hipnóide; mas o mais importante era o interesse demonstrado pelo mecanismo de defesa, que desaguará futuramente no conceito de repressão.

A defesa tem por objetivo evitar idéias e afetos incompatíveis com os padrões morais e éticos do sujeito e, segundo Freud:

> *"Em todos os casos que analisei, era a vida sexual do sujeito que havia despertado um afeto aflitivo. Teoricamente, não é impossível que esse afeto devesse assomar em outros terrenos; posso apenas relatar que até agora não pude constatar qualquer outra origem. Além disso, é fácil verificar que é precisamente a vida sexual que provoca as mais numerosas ocasiões para a emergência de idéias incompatíveis."* (Freud, S. – "As Neuropsicoses de Defesa")[18]

Neste trecho vão se tornando mais claros os interesses de Freud, para ele, as idéias proibitivas relacionam-se à sexualidade do sujeito e, por serem contrárias a seus padrões, saem do domínio da consciência, através da defesa: tal dinâmica caracteriza o trauma. Este é o início do distanciamento entre Breuer e Freud.

Tais acontecimentos traumáticos, que se tornam esquecidos, na realidade o são por intermédio do processo de repressão. A repressão atuaria nas ocasiões em que o impulso alarmante, ou penoso, depara-se com outro impulso que se opõe ao primeiro e caracteriza assim o conflito mental.

A partir da teoria da repressão, Freud revê a terapêutica adotada por ele e por Breuer até então:

"Um ponto de vista diferente teve então de ser adotado no tocante à tarefa da terapia. Seu objetivo não era mais 'abreagir' um afeto que se desencaminhara, mas revelar repressões e substituí-las por atos de julgamento que podiam resultar quer na aceitação, quer na condenação do que fora anteriormente repudiado." (Freud, S. – "Um Estudo Autobiográfico")[19]

Em "Hereditariedade e a Etiologia das Neuroses" (1896), em um resumo escrito originariamente em francês, sobre as idéias de Freud a respeito da etiologia das neuroses, aparece pela primeira vez o termo "Psicanálise", introduzindo algumas novidades no entendimento da histeria, principalmente o aparecimento da "teoria da sedução":

"No que concerne à histeria e à neurose obsessiva, a solução do problema etiológico é de surpreendente simplicidade e uniformidade. Devo meus resultados a um novo método de psicanálise, o procedimento exploratório de Josef Breuer; é um pouco intrincado, mas insubstituível, tão fértil se tem mostrado ao lançar luz sobre os obscuros caminhos da ideação inconsciente." (Freud, S. – "Hereditariedade e a Etiologia das Neuroses")[20]

A seguir, Freud descreve sucintamente a dinâmica do tratamento, que consistia em rastrear os sintomas histéricos até a sua origem, sem porém fazer menção à hipnose. Este rastreamento procurava um "agente" causador da histeria:

> *"Esse agente é, na verdade, uma lembrança relacionada à vida sexual, mas que apresenta duas características de primeira importância. O evento do qual o sujeito reteve uma lembrança inconsciente é uma experiência precoce de relações sexuais com uma excitação dos genitais, resultante de abuso sexual cometido por uma outra pessoa; e o período da vida no qual ocorre esse fatal evento é a infância - até a idade de 8 ou 10 anos, antes que a criança tenha atingido a maturidade sexual. Uma experiência sexual passiva antes da puberdade: eis, então, a etiologia específica da histeria."* (Freud, S. – "Hereditariedade e a Etiologia das Neuroses")[21]

Freud a seguir comenta que, em treze casos de histeria, não existe nenhum em que não houvesse ocorrido tal experiência, que seria vivida como um evento contemporâneo a partir da puberdade. Por este motivo, as crianças não apresentam sintomas na época, pois não têm maturidade psíquica para compreender tais acontecimentos.

Em outro artigo do mesmo ano, "A Etiologia da Histeria" (1896), Freud repete tais argumentos e, embora cite Breuer, seu afastamento é cada vez maior, e só não é total porque ele não se encontra preparado para defender sozinho suas teorias.

Em outubro de 1896 falece o pai de Freud. Tal ocorrência afetou-o profundamente e, em uma carta de agradecimento às condolências de Fliess, ele afirma:

> *"Ao morrer, seu tempo já havia passado, mas dentro de mim a ocasião de sua morte despertou todos os sentimentos mais antigos. Agora sinto-me absolutamente desenraizado."* (Freud, S. - "Correspondência com Fliess")[22]

A partir deste momento, Freud dedicou-se à sua auto-análise, que além de redimensionar questões pessoais suas, também promoveu modificações em sua obra. Segundo Jones, Freud lhe confidenciou que foi a experiência da perda do pai que o levou a iniciar "A Interpretação dos Sonhos".

A fria recepção de sua palestra, "A Etiologia da Histeria", sendo comparada a um "conto de fadas científico", o ostracismo e a falta de pacientes deixava-o profundamente pessimista.

Em carta a Fliess, de 31 de maio de 1897 (carta 64), relata um sonho em que tinha "sentimentos super-carinhosos para com Mathilde", sua filha mais velha. Jones afirma que este sonho o levou a questionar radicalmente sua "teoria da sedução" e posteriormente a abandoná-la. Freud reconhece, com pesar, numa carta a Fliess, datada de 21 de setembro de 1897 (carta 69), quatro razões para se duvidar desta teoria:

"Confiar-lhe-ei imediatamente o grande segredo que lentamente comecei a compreender nos últimos meses. Não acredito mais em 'minha neurótica'. Provavelmente isto não é compreensível sem uma explicação; afinal, você mesmo verificou o que de crível eu poderia contar-lhe. De modo que comecei historicamente a partir da questão da origem dos motivos de minha descrença. Os contínuos desapontamentos em minhas tentativas de fazer minha análise chegar a uma conclusão real, a debandada das pessoas que, durante algum tempo, eu parecia estar compreendendo com muita segurança, a dos êxitos completos, com os quais eu tinha contado, a possibilidade de explicar os êxitos parciais, de outras maneiras, segundo critérios comuns - este foi o primeiro grupo de motivos. Depois, veio a surpresa diante do fato de que, em todos os casos, o pai, não excluindo o meu, tinha de ser apontado como pervertido - a constatação da inesperada freqüência da histeria, na qual o mesmo fator determinante está invariavelmente estabelecido, embora tão difundida dimensão da perversão dirigidas às crianças, afinal, não seja

muito provável. (A perversão teria de ser incomensuravelmente mais freqüente do que a histeria, de vez que a doença somente aparece onde houve uma acumulação de eventos e onde incide um fator que enfraquece a defesa). Depois, em terceiro lugar, a descoberta comprovada de que, no inconsciente, não há indicações da realidade, de modo que não se consegue distinguir entre a verdade e a imaginação que está catexizada com afeto (Assim, permaneceria aberta a possibilidade de que a fantasia sexual invariavelmente tem como temas os pais). Em quarto lugar, a reflexão de que, na psicose mais profunda, a lembrança inconsciente não vem à tona, não sendo, pois, o segredo das experiências da infância revelado sequer no delírio mais confuso." (Freud, S. – "Correspondência com Fliess")[23]

No entanto, estando equivocada sua teoria, toda sua atividade profissional corria risco, uma vez que ele não se sentia seguro para cuidar de neuroses sem ter uma compreensão da etiologia delas.

Gay (1989) comenta que Freud *"Ao relembrar esse momento decisivo, muito tempo depois, escreveu que, quando a teoria da sedução, que fora 'quase fatal para a jovem ciência' tinha se desmoronado 'sob sua própria improbabilidade', sua primeira reação foi 'uma fase de perplexidade total'. 'O solo da realidade se perdera'. Ele tinha sido entusiástico demais e um pouco ingênuo".*[24]

Segue-se então um período de "paralisia intelectual" e de tormentos neuróticos; o início do desentendimento com Fliess também se dá nessa ocasião. Sobre essa fase, Freud comenta em carta para Fliess; "Acredito estar num casulo e só Deus sabe que tipo de fera sairá dele".

A partir da auto-análise, Freud revê sua relação com seu pai e, segundo Jones, reacendem-se lembranças de desejos sexuais relacionados à própria mãe, numa ocasião que a viu nua e problemas com uma babá, com quem não se dava.

O conteúdo destas lembranças Freud confrontou com sua mãe, para confirmar sua veracidade. Da auto-análise, ele descobriu a paixão por sua mãe e o ciúme do pai, tendo então certeza que se tratava de uma constelação característica do ser humano, tal como na lenda de Édipo:

> *"Quando me havia refeito, fui capaz de tirar as conclusões certas de minha descoberta: a saber, que os sintomas neuróticos não estavam diretamente relacionados com fatos reais, mas com fantasias impregnadas de desejos, e que, no tocante à neurose, a realidade psíquica era de maior importância que a realidade material."* (Freud, S. – "Um Estudo Autobiográfico") 25

Na verdade, o que ocorreu é que, como disse o próprio Freud, em seu relato autobiográfico: *"Eu tinha de fato tropeçado pela primeira vez no Complexo de Édipo, que depois iria assumir importância tão esmagadora, mas que eu ainda não reconhecia sob seu disfarce de fantasia."*[25]

A ocorrência de tais fantasias comprova para Freud a existência da função sexual desde a mais tenra idade.

No que se refere à resistência, a auto-análise deu a Freud uma compreensão mais clara de suas resistências e as de seus pacientes:

> *"Tudo o que experimento com meus pacientes encontro aqui: dias em que me esquivo meio aflito por não ter conseguido compreender nada dos meus sonhos, das minhas fantasias e das variações de estado de espírito do dia, e depois novamente dias em que uma luz ilumina as ligações e permite-me compreender o que aconteceu antes, como uma preparação para a visão de hoje."* (Freud, S. – "Correspondência com Fliess")[26]

A auto-análise possibilitou modificações e inquietações em Freud e estas se refletem na sua obra; neste momento ele tem dois interesses, que considera diversos, e que, na realidade, não o são: o estudo da etiologia das neuroses e seu livro dos sonhos.

Em "A Sexualidade na Etiologia das Neuroses" (1898), Freud afirma que a verdadeira causa dessas são as experiências infantis relacionadas à sexualidade. Para ele:

"Erramos ao ignorar inteiramente a vida sexual das crianças; segundo minha experiência, as crianças são capazes de toda atividade sexual psíquica e também de boa parte da somática. Do mesmo modo, assim como o aparelho sexual humano completo não se confina aos genitais externos e às suas glândulas reprodutoras, também a vida sexual humana não começa apenas na puberdade." (Freud, S. – "A Sexualidade na Etiologia das Neuroses")[27]

Freud adota uma postura mais cuidadosa ao se referir à sexualidade infantil, nota-se que ele não fala mais na "teoria da sedução" e seus interesses dirigem-se para a "atividade sexual psíquica". Para ele, a ocorrência desta atividade tem seus efeitos adiados para a puberdade, pois neste momento de transformações e de maturação do corpo, os interesses sexuais têm grande desenvolvimento. As teses levantadas neste texto serão mais bem- elaboradas e fundamentadas em "Três Ensaios sobre Sexualidade" (1905).

Outro ponto interessante deste trabalho é a menção que Freud faz sobre o livro que estava escrevendo e suas conseqüências:

"Para atingir uma verdadeira compreensão do mecanismo pelo qual as psiconeuroses se manifestam, seria necessário postular como dignas de crença essas hipóteses, que me parecem novas, sobre a composição e o funcionamento do aparelho psíquico. Em um livro sobre a interpretação dos sonhos, no qual estou trabalhando, encontrarei ocasião de tocar nesses elementos fundamentais de uma psicologia das neuroses, pois os sonhos pertencem ao mesmo conjunto de estruturas psicopatológicas que as <u>idées fixes</u> histéricas, as obsessões e os delírios." (Freud, S. - "A Sexualidade na Etiologia das Neuroses")[28]

Freud neste momento parece ter chegado à conclusão de que seus estudos sobre a etiologia das neuroses e seu livro dos sonhos não eram tão antagônicos; e, ao unir estes dois interesses, demonstra que já tem uma concepção do psiquismo humano em mente. Frutos da auto-análise: a queda da "teoria da sedução" parece estar superada; e ele pode finalmente distanciar-se definitivamente de Breuer, ao qual demonstra gratidão, e faz uma crítica:

> *"Já que as manifestações das psiconeuroses procedem a ação adiada de traços psíquicos inconscientes, elas são acessíveis à psicoterapia. Mas nesse caso a terapia deve seguir caminhos outros que não o único seguido até aqui: o da sugestão, com ou sem hipnose. Baseando-me no método catártico, introduzido por Josef Breuer, elaborei quase completamente, nos últimos anos, um processo terapêutico que proponho descrever como 'psicanalítico'. (...) às primeiras abordagens da técnica e o âmbito de seu método foram apresentados nos 'Estudos sobre a Histeria'. escritos conjuntamente com Breuer e publicados em 1895. Desde então, acho que posso dizê-lo, muita coisa foi alterada para melhor. Enquanto àquele momento declaramos modestamente que podíamos intentar remover os sintomas da histeria, mas não curar a própria histeria, essa distinção hoje me parece sem substância, já que há uma perspectiva de cura genuína das obsessões."* (Freud, S. – "A Sexualidade na Etiologia das Neuroses")[29]

Em dois outros artigos, "O Mecanismo Psíquico do Esquecimento" (1889) e "Lembranças Encobridoras" (1899), Freud relaciona aspectos cotidianos, tais como os esquecimentos, atos falhos, que sofrem influências do inconsciente. Ou seja, Freud busca demonstrar que a dinâmica do inconsciente não ocorre apenas em casos patológicos, mas que são características da humanidade, que sonha, tem esquecimentos, troca nomes etc. Estes aspectos serão mais bem-discutidos em "A Interpretação dos Sonhos" (1900) e "A Psicopatologia da Vida Cotidiana" (1901).

COMENTÁRIOS

O início da produção freudiana tem, na Neurologia, sua grande referência. Seu interesse pelo pensamento racionalista no entendimento da histeria é conseqüência desta formação.

Sua relação com a histeria começou no momento em que se dedicou à clínica neurológica. O interesse pelo hipnotismo vem desde sua juventude e a dedicação ao estudo do tema é notada em várias outras ocasiões.

Apesar de seu interesse pela hipnose não ser bem recebido pela comunidade científica de Viena, Freud continua a estudar e a publicar textos.

Nestes, se refere às idéias que são removidas da associação entre a intenção e seu contexto, sem que o paciente tenha consciência do que está ocorrendo. Os sintomas histéricos, pois, relacionam-se à "supressão laboriosa" deste grupo de idéias que não fazem parte da consciência e que se manifestam através da inervação do corpo.

Assim, Freud parece já ter em mente uma primeira noção de conflito intrapsíquico, entre conteúdos que têm e os que não têm associação com a consciência. Já se nota aí os fundamentos da teoria psicanalítica, que só serão apresentados em "A Interpretação dos Sonhos", a saber: o inconsciente, o conflito intrapsíquico, o recalque e a importância da cadeia associativa.

Dentro dessa concepção, o hipnotismo era utilizado apenas para se introduzir uma sugestão que se contrapusesse às idéias antitéticas aflitivas e assim removesse os sintomas.

Embora Freud descreva uma complexa dinâmica psíquica, afirma que seu interesse maior ainda é a Neurologia. A Psicologia é utilizada apenas como uma maneira de se entender porque os sintomas adquirem determinadas características.

Em um texto de 1893, "Alguns Pontos para um Estudo Comparativo das Paralisias Orgânicas e Histéricas", ocorre uma mudança de interesses de Freud. Este é um momento de muitas passagens e entre as mais importantes está seu afastamento das idéias de Charcot, o início de sua cooperação com Breuer e o deslocamento da ênfase do aspecto neurológico para o psicológico.

O objetivo de Freud, agora, é demonstrar que pode ocorrer uma modificação funcional sem que ocorra uma lesão. Para ele, os sintomas histéricos serão envolvidos em uma "associação subconsciente" revestida de grande carga de afeto, ou seja, o trauma. Estes afetos não têm a reação motora adequada, por se relacionarem com uma vivência traumática e desagradável ao sujeito e, portanto, não fazem parte da consciência.

O mecanismo dos sintomas histéricos é baseado no arco-reflexo, ou seja, as emoções com grande quantidade de energia (traumas) não podem se expressar de maneira adequada e acabam buscando outro modo de liberar esse excesso, através de manifestações somáticas, sem que o indivíduo tenha controle sobre elas.

O único acesso a estas emoções ocorria via hipnose, ou seja, através do hipnotismo o paciente recordava sua experiência traumática e podia restabelecer a conexão causal com os sintomas. Esta é a síntese da "teoria do trauma" de Breuer, defendida nos "Estudos sobre a Histeria", de Breuer e Freud.

A hipnose deixa de ser, então, uma técnica para se viabilizar a sugestão e passa a ser um meio para se estabelecer, através de associações, a relação causal entre o trauma e o sintoma e permitir a catarse. Está assim decretado o fim da técnica da sugestão no tratamento da histeria, dentro da produção freudiana. Portanto, através da fala, é possível se restabelecer a cadeia associativa entre o afeto e o trauma.

A histeria, então, passa a ser entendida como um fenômeno psicológico, fruto de emoções que se encontram fora da cadeia associativa consciente e sem qualquer fundamentação fisiológica; a hipnose passa a ser um canal de comunicação para um outro nível de consciência, onde é possível serem encontradas as experiências traumáticas e outras reminiscências às quais não se tem um acesso direto.

Estas considerações demonstram uma maneira bastante diferente de se entender a histeria em relação aos trabalhos anteriores e adiantam futuras modificações, ainda em elaboração. Tal passagem é significativa, uma vez que implica no interesse pelo fenômeno humano. Os sintomas são considerados como manifestações de um conflito intrapsíquico e as emoções passam a ter importância dentro da sua dinâmica. O homem deixa de ser entendido como uma máquina racional, previsível e sem mistérios, para ser compreendido como uma incógnita, um enigma, em que a incompreensível dinâmica das emoções passa a ser entendida de outra forma.

Esta é a tônica do trabalho de Freud que nunca será abandonada: sempre entender, do ponto de vista racional, os fenômenos neuróticos, sem descartar qualquer elemento que se coloque à sua frente nessa busca. Este momento da produção freudiana é importante, porque reflete justamente esta característica de Freud: a passagem de um modelo puramente racionalista para um em que as influências românticas são cada vez mais evidentes.

A "teoria do trauma" e o "método catártico" chamam a atenção principalmente pela concepção de que os sintomas histéricos têm um sentido e, portanto, podem ser entendidos através de uma relação de causa e efeito. A busca de um significado para os sintomas histéricos caracteriza essa obra e toda a produção freudiana.

Outra questão que reaparece e que terá importância na obra de Freud é a da incapacidade de se estabelecerem associações entre a consciência e os sintomas, ou seja, estão presentes aí, simultaneamente, todos os pontos que chamam sua atenção no tratamento de pacientes histéricas, que o influenciarão na produção de "A Interpretação dos Sonhos".

Dentre estes pontos se destacam o modelo do arco-reflexo, que será utilizado para se explicar como são produzidos os sonhos, os sintomas e, enfim, demonstrar o funcionamento do aparelho psíquico. A partir daí também pode se entender a dissociação psíquica, a capacidade de deslocamento dos afetos, a importância das associações entre os afetos e os sintomas e a maneira pela qual um trauma deixa de fazer parte da consciência.

Sobre esta última, Breuer fala a respeito dos dois modos em que se dá a supressão das idéias emotivas da cadeia associativa. Uma é através da defesa, quando ocorre o esquecimento deliberado do que é penoso e desagradável, e o outro, em que não é possível se lembrar, uma vez que nunca esteve na lembrança. Mais tarde, Freud vai manter tal diferenciação ao falar de algumas características do inconsciente.

A maneira pela qual a hipnose é entendida nesta obra também é de grande importância, já que Freud relaciona-a a um estado de consciência diverso do da vigília e abre caminho para a formulação do conceito de inconsciente. Isto também demonstra o crescimento de influências do Romantismo sobre o pensamento racionalista de Freud.

Para ele, a histeria ocorria em função de idéias relacionadas à sexualidade que, por serem contraditórias aos padrões morais do indivíduo, são submetidas à repressão, caracterizando assim um conflito mental.

Em "As Neuropsicoses de Defesa", Freud defende a tese de que os traumas eram fruto de uma experiência sexual precoce. Segundo ele, esta é a etiologia da histeria e é nesse trabalho que ele formula a "teoria da sedução", abandonando a "teoria do trauma".

A primeira, baseava-se na hipótese de que os pacientes histéricos tiveram, na sua infância, uma experiência sexual com excitação genital, proveniente de relações sexuais com adultos.

Embora Breuer considerasse importante o papel da sexualidade nos casos de histeria, nunca defendeu publicamente tais idéias; fica então a cargo de Freud o retorno à questão da sexualidade na etiologia da histeria.

Tendo em mente que a origem dos sintomas histéricos era relacionada a uma sedução, o objetivo da intervenção terapêutica deixa de ser a busca pela catarse. O importante é revelar o conteúdo reprimido permitindo ao paciente a restituição de sua capacidade de julgamento sobre as questões que lhe afligem.

A partir de então, Freud valoriza o entendimento e a elaboração consciente da origem dos sintomas e, portanto, deixa de fazer sentido a utilização da hipnose no tratamento da histeria, uma vez que nestes casos o paciente não se encontra em estado de vigília; cada vez mais Freud utiliza a técnica da cura pela fala.

Além desta razão para o abandono da hipnose, existem outras: o fato de que nem todas as pessoas são hipnotizáveis, e, assim, o método não tem o caráter da universalidade, tão valorizado por ele. Outra questão importante é que ele não queria ficar restrito ao tratamento da histeria.

As intenções de Freud eram mais ambiciosas, pretendia alcançar uma maior amplitude de fenômenos, evitando o caráter psicopatológico de suas pesquisas. Tal preocupação torna-se evidente a partir do momento em que se dedica a escrever "A Interpretação dos Sonhos".

Através da auto-análise, Freud passa a questionar seus próprios conflitos e angústias, bem como a pertinência da "teoria da sedução". Tal questionamento se dá a partir da percepção de que a sedução a que se referiam seus pacientes não tinha realidade material, apenas psíquica, através da fantasia.

Neste momento, Freud dá o grande passo rumo à Psicanálise. Todo o material que ele obtivera de seus pacientes e dele próprio referia-se a uma constelação de fantasias sexuais infantis relacionadas aos pais. Tal descoberta leva à percepção da existência de uma sexualidade infantil que não se baseia na genitalidade, mas sim em um processo de desenvolvimento, cujo final é a atividade sexual genital.

A vida sexual do ser humano tem sua atividade psíquica baseada na satisfação de desejos que são compatíveis com o seu desenvolvimento somático e, desta forma, pode-se falar em sexualidade infantil. A sedução relatada por seus pacientes era, pois, fantasia sexual infantil.

A concepção de fantasia desloca um entendimento de ordem biológica da sexualidade para uma ordem simbólica. De agora em diante, não se busca mais uma explicação dos sintomas histéricos com base em uma conexão causal, mas sim uma interpretação dos sintomas, buscando o desejo inconsciente reprimido.

É aí que se instala definitivamente o objetivo de pesquisar outros temas, como os sonhos, e formular uma concepção de aparelho psíquico que dê conta de uma amplitude maior de fenômenos. Esta é a principal motivação de Freud, ao escrever "A Interpretação dos Sonhos".

É importante perceber que a constelação psíquica da histeria questiona suas próprias convicções e traz à tona os conflitos em relação a seus pais, sua profissão, sexualidade e sonhos, levando-o a construir um modelo universal de aparelho psíquico que transcende o caráter psicopatológico de sua produção até aquele momento.

A obra de Freud caracteriza-se por este processo de interiorização; as motivações internas são cada vez mais investigadas, dedica-se agora a compreender a dinâmica interna de forças em conflito, definindo os sintomas como resultantes dela. Nesse sentido, procura entender tal dinâmica através de atos cotidianos, como esquecimentos, lapsos e os sonhos, e é através disto que ele produz sua obra maior, "A Interpretação dos Sonhos". Além de propor um método para a compreensão dos sonhos, Freud define o aparelho psíquico sintetizando-o de maneira organizada e funcional.

Mais tarde, Freud afirma que preferiria entrar no caminho do inconsciente através dos sonhos do que pela psicopatologia. Este comentário explicita a ruptura de um modelo de entendimento racionalista da histeria, para outro, que privilegia a riqueza simbólica desta constelação, evidenciando a importância da histeria em "A Interpretação dos Sonhos".

A partir destes estudos, fica claro que Freud buscará significado atrás de cada pequeno engano, lapso e sonho, o que permitiria que a dinâmica do aparelho psíquico pudesse ser mais bem-compreendida.

Capítulo 2

A INTERPRETAÇÃO DOS SONHOS

Segundo Jones (1989), esta: *"...é a maior obra de Freud, aquela pela qual seu nome provavelmente será mais duradouramente lembrado";* para Gay (1991) trata-se de uma obra que: *"oferece um levantamento das idéias psicanalíticas fundamentais – o complexo de Édipo, o trabalho da repressão, a luta entre desejo e defesa – e um rico material de casos clínicos".* Para o próprio Freud, uma obra única, de caráter histórico que:

"Contém (...) a mais valiosa de todas as descobertas que tive a felicidade de fazer. Compreensão dessa espécie só ocorre a alguém uma vez na vida." (Freud, S. - "Prefácio da terceira edição inglesa (1931) de A Interpretação dos Sonhos")[30]

O fato de Freud tentar entender a dinâmica inconsciente, aproximou-o de uma busca de sentido nos sonhos e, nesta obra, ele lança bases para a compreensão de fenômenos cotidianos, que demonstrariam a existência da instância inconsciente em todo o ser humano, sem o caráter patológico de até então; e que a produção de sintomas tem mecanismo semelhante à produção onírica.

Freud começou a escrever "A Interpretação dos Sonhos" após a morte de seu pai em 1896 e, segundo Jones, só foi redigida no verão de 1899. Porém, seu interesse pelos sonhos é anterior, remontando à infância, quando sonhava muito e tinha o costume de registrá-los. Em sua correspondência com Martha, sua esposa, aparece muitos comentários a respeito de seus sonhos e a importância que dava a eles.

Na sua obra, uma das primeiras menções a respeito dos sonhos está nos "Estudos sobre a Histeria", no caso de Frau Emmy Von N. (1893), em uma extensa nota de rodapé, onde ele explica o fato de que um "estado de ansiedade ou pesar" tem uma espécie de "compulsão para associar-se". Para exemplificar a pertinência de tal observação, Freud comenta:

> *"Não há muito tempo pude convencer-me da força de uma compulsão dessa espécie no sentido de uma associação, a partir de algumas observações feitas num campo diferente. Durante várias semanas fui obrigado a trocar minha cama habitual por uma mais dura, na qual tive sonhos mais numerosos ou mais vividos, ou na qual, talvez, era incapaz de atingir a profundidade normal do sono. No primeiro quarto de hora após o despertar recordava-me de todos os sonhos que tivera durante a noite e me dei ao trabalho de anotá-los e tentar solucioná-los. Consegui relacionar todos esses sonhos a dois fatores: (1) à necessidade de elaborar quaisquer idéias das quais havia tratado apenas apressadamente durante o dia - que haviam sido apenas afloradas e não tratadas de maneira final e (2) à compulsão de vincular quaisquer idéias que talvez estivessem presentes no mesmo estado de consciência. O caráter sem sentido e contraditório dos sonhos poderia estar ligado à ascendência não controlada deste segundo fator."* (Freud, S. – "Frau Emmy Von N.")[31]

Já se notam outros interesses de Freud que se distanciam dos de Breuer, além dos mencionados anteriormente: 1) o interesse pelos sonhos e 2) os primórdios do método de associação livre. Outra questão importante é o fato de que ele toma por referência, para produzir conhecimento, os seus próprios sonhos, o que por um lado já demonstra a preocupação em se dedicar a uma auto-análise e, por outro, mostra o caminho que será seguido para escrever "A Interpretação dos Sonhos", ou seja, um estilo eminentemente autobiográfico.

Em uma carta a Fliess (carta 22), datada de 4 de março de 1895, Freud faz uma analogia entre a realização de desejos nos sonhos e as psicoses. Trata-se do relato de um sonho de um sobrinho de Breuer, estudante de Medicina, que tinha dificuldade para acordar pela manhã e que, certo dia teve uma "alucinação" de que já estava no hospital, e desta maneira não precisava acordar. Este caso será utilizado em "A Interpretação dos Sonhos".

Em 24 de julho de 1895, Freud analisa pela primeira vez um sonho na sua totalidade e, segundo Jones, trata-se de um momento histórico, "o sonho da injeção de Irma", que será analisado com detalhes em seu livro dos sonhos.

No seu "Projeto para uma Psicologia Científica" (1895), Freud dedica três partes aos fenômenos do sono e dos sonhos. Na primeira parte, "Processos Primários - O Sono e os Sonhos", ele afirma que os processos primários que foram suprimidos no decorrer da evolução se apresentam a nós durante o sono e que:

> *"...os mecanismos patológicos, revelados pela análise mais cuidadosa das psiconeuroses, guardam a maior analogia com os processos oníricos".* (Freud, S. – "Projeto para uma Psicologia Científica")[32]

Esta hipótese fundamental norteará a investigação científica de Freud a partir de então: os sonhos têm relação com a vida desperta, patologicamente ou não.

Na parte seguinte, "A Análise dos Sonhos", ele inicia comentando que os sonhos "têm graus de transição" até a vigília e uma mistura com processos normais. A seguir, Freud apresenta a constituição do caráter onírico. Os sonhos, na maior parte das vezes, não têm "descarga motora" e as conexões são em parte *"contraditórias, em partes imbecis, ou até absurdas ou estranhamente loucas"*. A este respeito Freud afirma:

> *"Esta última característica se explica pelo fato de que nos sonhos predomina a compulsão associativa, que sem dúvida também domina primordialmente a vida psíquica em geral.*

Pareceria que duas catexias co-existentes deveriam necessariamente pôr-se em mútua conexão." (Freud, S. – "Projeto para uma Psicologia Científica")[33]

Freud retoma aqui a idéia de caráter associativo, apresentada no caso de Frau Emmy Von N. que culminará na regra básica da Psicanálise: a "livre associação".

Retornando aos sonhos, Freud diz que "as idéias oníricas são de caráter alucinatório". Para ele, esta é uma das características mais importantes do sono, fazendo-o estabelecer uma relação entre a alucinação desse período com o pensamento de vigília, ou seja, os sonhos seriam uma forma de "pensamento inconsciente".

Outro dado importante a respeito dos sonhos será a base de seu entendimento:

"A finalidade e o sentido dos sonhos (dos normais, pelo menos) podem ser estabelecidos com certeza. Eles (os sonhos) são realizações de desejos - isto é, processos primários que acompanham as experiências de satisfação." (Freud, S. – "Projeto para uma Psicologia Científica")[34]

Freud prossegue com algumas outras características, porém, o básico, que será utilizado em sua grande obra, já está presente no "Projeto", uma obra que nunca publicou.

Em carta de 2 de novembro de 1896 (carta 50), ocasião da morte de seu pai, ele relata que após os funerais sonhou:

"Eu me encontrava num local público e aí li um aviso assim: PEDE-SE QUE VOCÊ FECHE OS OLHOS. Imediatamente reconheci o local como sendo o salão de barbeiro ao qual vou diariamente. No dia do sepultamento, tive que me demorar ali, esperando minha vez, e por isso cheguei à casa funerária um tanto atrasado. Na ocasião, meus familiares se aborreceram comigo porque eu providenciara no sentido de que o funeral fosse modesto e simples, com o que eles, depois,

concordaram, achando bastante acertado. Também, de certo modo, interpretaram mal o meu atraso. A frase no quadro de avisos tem um duplo sentido e em ambos significava: "deve-se cumprir a obrigação para com o morto". (Uma desculpa, como se eu não a tivesse cumprido e como se minha conduta precisasse ser tolerada e a obrigação assumida literalmente). Assim, o sonho é uma saída para a tendência à autocensura que habitualmente está presente entre os parentes vivos de um falecido." (Freud, S. – "Correspondência com Fliess")[35]

Como se pode ver, os sentimentos de Freud para com seu pai continuavam a ser ambíguos e torna-se mais evidente o motivo dele iniciar sua auto-análise nesse momento.

Em carta de 28 de abril de 1897 (carta 60), Freud relata a Fliess um sonho e sua análise, o que revela seus interesses na compreensão dos sonhos como técnica analítica, testada em sua auto-análise.

Em outra carta, de 31 de maio de 1897 (carta 64), ele relata o sonho que teve com sua filha, já citado anteriormente, que lhe faz questionar a "teoria da sedução". Em 7 de julho de 1897 (carta 66), Freud comenta a respeito do mecanismo dos sonhos, relacionando-os com a repressão:

"Conheço mais ou menos as leis segundo as quais se agrupam essas estruturas (fantasias) e os motivos pelos quais são mais fortes do que as lembranças verdadeiras; assim, aprendi coisas novas que ajudam a caracterizar os processos no Inc. Ao lado destes, surgem impulsos pervertidos e, quando, à medida que se torna necessário posteriormente, essas fantasias e impulsos são reprimidos, aparecem as superiores determinações dos sintomas, já provenientes das lembranças, e novos motivos para manter a doença. (...) Esse conhecimento ainda não está completo. Minha técnica está começando a preferir um determinado método como sendo o método natural." (Freud, S. – "Correspondência com Fliess")[36]

Já é perceptível a concepção que Freud tem da relação entre os sonhos e as neuroses; ou seja, que conteúdos inconscientes, através da repressão, se manifestam pelos sonhos e/ou sintomas, obedecendo ao mesmo mecanismo. Porém, "este conhecimento ainda não está completo" e isto causa a Freud mais dúvidas e inquietações.

A insatisfação com sua baixa produção aparece em uma série de cartas, até que em 21 de setembro (carta 69), ele confessa a Fliess que não acredita mais na "teoria da sedução". Neste momento, ele se ocupava essencialmente de sua auto-análise e esta lhe dava subsídios para enfrentar a neurose. Na carta de 15 de outubro de 1897 (carta 71), Freud conta a Fliess como conferia com a mãe os dados obtidos em sua análise, a fim de obter mais credibilidade para seus intentos. Nesta mesma carta, ele revela os sentimentos para com sua mãe:

"Verifiquei, também no meu caso, o apaixonamento pela mãe e ciúmes do pai, e agora considero isso como um evento universal do início da infância, mesmo que não tão precoce como nas crianças que se tornaram histéricas. Sendo assim, podemos entender a força avassaladora de OEDIPUS REX, apesar de todas as observações levantadas pela razão contra a sua pressuposição do destino." (Freud, S. – "Correspondência com Fliess")[37]

Freud conclui mais à frente:

"Mas a lenda grega apreende uma compulsão que toda pessoa reconhece, porque sente sua presença dentro de si mesma. Cada pessoa da platéia foi, um dia, em ponto maior ou em fantasia, exatamente um Édipo, e cada pessoa retrocede horrorizada diante da realização de um sonho, aqui transposta para a realidade, com toda a carga de repressão que separa seu estado infantil do seu estado atual." (Freud, S. – "Correspondência com Fliess")[37]

Freud faz assim uma síntese do que será a base da Psicanálise, o inconsciente, o complexo de Édipo, as neuroses, os sonhos e a repressão. Só faltava a ele organizar tais descobertas em torno de um modelo: "A Interpretação dos Sonhos". Porém, a publicação do livro ainda não era possível, a auto-análise estava em andamento e sua "conclusão" implicaria na resolução de muitos dos "fantasmas" que o afligiam. Em 1908, ele afirma:

> *"(...) este livro tem para mim pessoalmente outro significado subjetivo - um significado que somente aprendi após tê-lo concluído. Foi, assim verifiquei, uma parcela de minha própria auto-análise, minha reação à morte de meu pai – isto é, ao evento mais importante, à perda mais pungente da vida de um homem."* (Freud, S. – "Prefácio à segunda edição de A Interpretação dos Sonhos")[38]

Em 1899, mas com data de 1900, é finalmente publicada "A Interpretação dos Sonhos" e Freud assume para si a empreitada de expor suas idéias e opiniões sem a ajuda de terceiros, colocando logo no início os seus objetivos:

> *"Nas páginas que se seguem apresentarei provas de que existe uma técnica psicológica que torna possível interpretar sonhos e que se este procedimento for empregado, todo sonho se revela como uma estrutura psíquica que possui um significado e que pode ser inserido como um ponto designável nas atividades mentais da vida e da vigília. Esforçar-me-ei ainda por elucidar os processos aos quais se devem a estranheza e a obscuridade dos sonhos e a deduzir, desses processos, a natureza das forças psíquicas, por cuja ação concomitante ou mutuamente oposta os sonhos são gerados."* (Freud, S. – "A Interpretação dos Sonhos")[39]

O primeiro capítulo da obra é dedicado a um levantamento da literatura que trata do assunto, a que Freud menciona unicamente para dar caráter científico a seu estudo. Ele afirma que este primeiro capítulo foi o mais enfadonho de escrever. O segundo, porém, ele já inicia apresentando suas concepções para o entendimento dos sonhos.

Para ele, existiam dois métodos para interpretação dos sonhos utilizados até então: uma simbólica, em que os conteúdos dos sonhos são substituídos por outros mais inteligíveis e a outra, a de decifração, em que um elemento tem um significado próprio e para o entendimento do sonho basta que se faça uma leitura de um livro dos sonhos que contenham os significados de cada um deles.

Freud propõe um terceiro método, que se baseava na sua experiência clínica e no trabalho realizado com Breuer sobre a histeria e as obsessões. Segundo ele:

"Meus pacientes comprometeram-se a comunicar-me todas as idéias e pensamentos que lhes ocorressem em relação com algum assunto específico; entre outras coisas, narram-me seus sonhos e assim me informam que um sonho pode ser inserido na cadeia psíquica que tem de ser remontada na lembrança oriunda de uma idéia patológica. Estava então apenas a uma curta distância do tratamento do próprio sonho como um sintoma e da aplicação aos sonhos do método de interpretação que se elabora para os sintomas."
(Freud, S. – "A Interpretação dos Sonhos")[40]

Pode-se dizer que este foi um dos grandes "saltos" de Freud, que terá significativas implicações; a partir deste, muitos outros virão.

Era proposto ao analisando que se dispusesse a baixar o nível de sua crítica, deixando que as idéias surgissem espontaneamente. Desta maneira, o próprio sujeito fazia associações que lhe eram significativas e, assim, encaminhava a análise do sonho.

Para exemplificar o método associativo, Freud fez uma análise de um sonho seu e ao acabar sua análise, conclui com a afirmação: *"o sonho é a realização de um desejo"*, tema do terceiro capítulo de seu livro.

Freud inicia esse de forma triunfante, atravessando *"belas vistas após o estreito desfiladeiro"*. Para ele, os sonhos não são destituídos de sentido e significado:

> *"Pelo contrário, são fenômenos psíquicos de inteira validade – realizações de desejos; podem ser inseridos na cadeia de atos mentais inteligíveis de vigília: são produzidos por uma atividade da mente altamente complexa."* (Freud, S. – "A Interpretação dos Sonhos")[41]

Além do sonho de Irma, Freud relaciona uma série de sonhos para provar que eles são uma satisfação de desejo, entre eles um, já mencionado, do sobrinho de Breuer. Outro exemplo é dado através de um amigo de Freud, cuja esposa sonhou que estava menstruada, o que não estava ocorrendo na realidade.

Os melhores exemplos para tal afirmação são os sonhos de crianças de pouca idade, uma vez que são extremamente simples e diretos, não estando tão sujeitos à censura. Freud enumera sonhos de seus filhos para justificar-se e entre eles está o sonho de sua filha de dezenove meses, Anna, que por estar com problemas gástricos, não pode alimentar-se adequadamente durante o dia. Nessa noite, ouvia-se Anna gritar por morangos, pudim etc., enquanto dormia.

Porém, alguns casos questionam a afirmação de que os sonhos são realizações de desejos. Por exemplo: os sonhos aflitivos, "que levam para o sono as várias emoções penosas da vida e nos quais o mais terrível dos sentimentos desagradáveis nos mantém em suas garras até despertarmos"; é a partir destes sonhos que Freud vai introduzir o próximo capítulo e discutir suas deformações. Como resposta às dúvidas ele afirma:

> *"É apenas necessário observar o fato de que minha teoria não se baseia numa consideração do conteúdo manifesto dos sonhos, mas se refere aos pensamentos que são indicados pelo trabalho de interpretação como existentes atrás deles. Devemos estabelecer um contraste entre o conteúdo manifesto e latente dos sonhos."* (Freud, S. – "A Interpretação dos Sonhos")[42]

A partir deste momento, Freud relaciona uma série de sonhos aflitivos, próprios ou dados por pacientes e, através da análise do material associativo relacionado a eles, pode encontrar o desejo por trás do conteúdo manifesto e ansiógeno. Alguns dos desejos que apareciam nos sonhos estariam disfarçados, uma vez que seus conteúdos são contraditórios às convicções morais e éticas do sujeito e, por este motivo, ocorre uma censura sobre estes.

Tal qual como um escritor, que dissimula suas reais intenções através de artifícios, para não se opor frontalmente aos que ocupam posições de autoridade, os sonhos também passam por esta censura, ou seja, o material onírico sofre deformações que permitem que os desejos manifestem-se neles.

Aqui Freud introduz, pela primeira vez nesta obra, uma distinção entre dois sistemas:

"Podemos, portanto, supor que os sonhos recebem sua forma em indivíduos humanos mediante a ação de suas forças psíquicas (ou podemos descrevê-las como correntes ou sistemas); e que uma destas forças constrói o desejo que é expresso pelo sonho, enquanto a outra exerce uma censura sobre este desejo onírico e, pelo emprego dessa censura, forçosamente acarreta uma distorção na expressão do desejo." (Freud, S. – "A Interpretação dos Sonhos")[43]

E conclui:

"Nada, assim parece, pode alcançar a consciência a partir do primeiro sistema sem passar pela segunda instância; e a segunda instância não permite que ocorra coisa alguma sem exercer seus direitos e fazer as modificações que julgue adequadas no pensamento que esteja procurando penetrar na consciência." (Freud, S. – "A Interpretação dos Sonhos")[43]

O que ocorre, portanto, nos sonhos aflitivos, é que o que é penoso para a segunda instância satisfaz um desejo da primeira; ou, em outras palavras, a ansiedade faz parte do conteúdo manifesto dos sonhos, conflitivo à consciência, mas satisfazendo os desejos inconscientes. Daí a necessária correção à afirmação genérica, feita pelo próprio Freud: *"Os sonhos são a realização disfarçada de desejos inconscientes"*.

Para demonstrar sua tese, ele analisa uma série de sonhos em que a realização de desejos se encontra na origem de qualquer sonho, mesmo os mais aflitivos e fúnebres. Entre estes, cita o de uma paciente sua que sonhara que estava no velório de seu sobrinho mais novo. No trabalho de análise, Freud percebe que quando seu sobrinho mais velho morreu, um homem pelo qual a paciente se afeiçoava, mas que ela dificilmente tinha contato, esteve presente no enterro. Tal sonho satisfazia o desejo de a paciente ter um encontro com esse homem.

Freud introduz neste capítulo os alicerces da Psicanálise, ou seja, ele faz as primeiras referências a uma instância não consciente e formula as bases da "teoria da repressão". Porém, seus objetivos ainda não foram plenamente alcançados, mas:

> *"Essas considerações podem levar-nos a julgar que a interpretação dos sonhos poderá permitir-nos tirar conclusões quanto à estrutura de nosso aparelho mental, o que, em vão, temos esperado da filosofia."* (Freud, S. – "A Interpretação dos Sonhos")[44]

Este sim era o principal objetivo de Freud e ele o conduzia de maneira cuidadosa, para escapar da oposição radical à sua obra, tal como acontece com os sonhos.

No capítulo seguinte, ele discute o material e a fonte dos sonhos e, para fazê-lo de maneira mais didática, divide o tema em subcapítulos. O primeiro dos pontos discutidos por Freud é o da relação entre os conteúdos da vida diurna na produção onírica noturna.

Para ele, em todo o sonho é possível encontrar "pontos de contato com experiências do dia anterior". O interessante é que esta relação se dá através de "pontos de contato", ou seja, no material onírico não aparecem os dados significativos do dia, mas sim partes destituídas de importância, e que, no decorrer da análise, ganham significado. Segundo Freud:

"*O que ocorre pareceria ser algo da natureza de um 'deslocamento' – de ênfase psíquica, digamos - por meio de elos intermediários; dessa forma, as idéias que originalmente tinham somente uma débil carga de intensidade, recebe carga de idéias que eram originalmente intensamente 'catexizadas' e, finalmente, atingem bastante vigor para permirtir-lhes forçar uma entrada na consciência.*" (Freud, S. – "A Interpretação dos Sonhos")[45]

Freud segue seu raciocínio lembrando que tais deslocamentos não são peculiaridades dos sonhos, ocorrendo também em quantidades de afetos, ou atividades motoras em geral. Como exemplo ele cita banalidades, tais como uma "solteirona e sua afeição por animais, um soldado que defende um farrapo de pano colorido, entre outros". Novamente se percebe a preocupação em não basear suas teses sobre exemplos psicopatológicos.

A explicação para o deslocamento dada por Freud utiliza um argumento já visto anteriormente: a censura. Para ele:

"*Assim, o fato, de o conteúdo dos sonhos incluir remanescentes de experiências triviais deve ser explicado como uma deformação dos sonhos (por deslocamento); e se poderá recordar que chegamos à conclusão de que a deformação onírica foi o produto de uma censura que opera na passagem entre duas instâncias psíquicas.*" (Freud, S. – "A Interpretação dos Sonhos")[46]

No subcapítulo seguinte é discutido o material infantil como fonte de sonhos e aí Freud vai introduzindo de maneira cuidadosa uma questão polêmica que ele discutirá posteriormente: a sexualidade infantil.

"Se passarmos do conteúdo manifesto dos sonhos para os pensamentos oníricos que somente a análise revela, constataremos, para nosso espanto, que as experiências da infância também desempenham seu papel nos sonhos cujo conteúdo jamais levaria alguém a supô-lo." (Freud, S. – "A Interpretação dos Sonhos")[47]

Após citar vários exemplos em que conteúdos da primeira infância aparecem na produção onírica do sujeito, Freud chega à conclusão de que os sonhos utilizam-se do material recente (do dia anterior) para satisfazer desejos de experiências antigas. Para ele:

"Enunciado em termos gerais, isto implicaria que todo sonho estava ligado, em seu conteúdo manifesto, a experiências recentes e, em seu conteúdo latente, às experiências mais antigas." (Freud, S. – "A Interpretação dos Sonhos")[48]

Sendo assim, os sonhos têm mais de uma interpretação e várias realizações de desejos se dão simultaneamente, porém, a realização fundamental remonta à primeira infância.

Freud, seguindo este percurso para a compreensão dos sonhos, afasta-se radicalmente da tese de que esses se dão em função de um estímulo somático, pois sua importância, dentro deste contexto é reduzida.

A seguir, Freud vai estudar os sonhos típicos, ou seja, os que são bastante comuns e que todas as pessoas reconhecem tê-los tido pelo menos uma vez. Ele se interessa por esses porque, *"presumivelmente surgem das mesmas fontes em todos os casos e parecem assim particularmente bem-qualificados para esclarecer as fontes dos sonhos"*.

Após esta afirmação, ele revela que tem para com este tipo de sonhos "expectativas muito particulares", que virão à tona com a aplicação do método psicanalítico. O que Freud introduz neste capítulo, de título despretensioso, vem a ser a base de sua psicoterapia: a sexualidade infantil e o complexo de Édipo.

Primeiramente, Freud analisa os sonhos de se estar despido e os atribui às lembranças da mais tenra infância, quando as situações em que a criança se encontra despida frente aos parentes é bastante comum, não existindo a vergonha, ao contrário, um desejo de exibição. Com o passar do tempo, essas situações de nudez vão se tornando mais complicadas, em função da censura e das proibições sociais. Esse tipo de sonho revela o desejo de dar livre curso à própria sexualidade e de sentir-se tão à vontade como na infância. A repressão é mais clara nos sonhos em que a nudez é acompanhada do sentimento de vergonha; *"o próprio inconsciente exige que a exibição continue; a censura exige que ela cesse"*.

Freud faz uma analogia com o Paraíso bíblico, onde o homem andava desnudo sem inibições, até o momento em que surgiram a vergonha e a angústia. Então, o homem foi expulso do Paraíso, começando a vida sexual e suas atividades culturais. Freud conclui, *"...podemos reconquistar este Paraíso todas as noites em nossos sonhos"*.

Aqui estão presentes a sexualidade e a repressão, estando aberto o caminho para a discussão de outro dos sonhos típicos: os de morte de pessoas queridas. Freud vai cada vez mais chegando a conteúdos mais controversos e sujeitos à "repressão" por parte da comunidade científica e da sociedade em geral.

Ele inicia seu raciocínio a partir dos sonhos em que um ente querido está morto e existe um sentimento de tristeza. Deve-se ter em mente que os sonhos são uma satisfação de desejo e, frente a possíveis críticas, Freud se adianta:

> *"Se alguém sonha, com todos os sinais de dor, que seu pai ou mãe, irmã morreu ou irmão, eu nunca usaria o sonho como prova de que ele deseja a morte daquela pessoa no momento atual. A teoria dos sonhos não exige tanto assim; ela se satisfaz com a inferência de que a morte foi desejada em alguma época durante a infância de que sonhou."* (Freud, S. – "A Interpretação dos Sonhos")[49]

E prossegue, afirmando:

"Receio, contudo, que esta ressalva não satisfaça os opositores; eles negarão a possibilidade de jamais terem nutrido tal pensamento com a mesma energia com que insistem em que não alimentam tais desejos agora. Devo, portanto, reconstruir uma parte da vida mental desaparecida das crianças com base na evidência do presente." (Freud, S. – "A Interpretação dos Sonhos")[49]

Como sempre, Freud parte de exemplos simples do cotidiano para tecer suas considerações, lembrando dos casos de hostilidade entre irmãos, em que, por exemplo, o mais velho maltrata o menor, enquanto este inveja o maior.

Ele lembra que as crianças são totalmente egoístas e *"sentem suas necessidades intensamente e lutam com impiedade para satisfazê-las"*. Dadas estas características, não é de surpreender que o irmão ou irmã seja visto como um concorrente que divide as atenções dos pais. Atos e pensamentos hostis relacionados ao irmão concorrente são comuns e sonhos desta natureza não são diferentes. Como foi dito anteriormente, a satisfação de desejos é vista de maneira mais evidente em crianças pequenas.

Respondida a questão dos desejos de morte contra irmãos e irmãs "rivais" através do egoísmo infantil, Freud se pergunta:

"Como iremos explicar seus desejos de morte contra seus pais, que o cercam de amor e suprem suas necessidades e cuja preservação esse mesmo egoísmo leva a desejar?" (Freud, S. – "A Interpretação dos Sonhos")[50]

Freud observa que nos sonhos de morte de um dos pais, o que morre é, na maioria das vezes, do mesmo sexo do sonhador; colocada esta observação, deve-se analisar melhor a relação entre pais e filhos. Freud então cita a mitologia grega: Cronos devora seus filhos e terminou castrado por um deles, Zeus, que passou então a dominar o Olimpo.

Os pais também demonstram tal predileção, porém, a relação que se estabelece entre ambos passa despercebida pelos adultos. É comum, nas brincadeiras infantis, passar-se por pai ou mãe: "Agora eu sou o papai", ou "agora eu sou a mamãe".

Freud cita como exemplo uma mãe que deixa o filho pequeno dormir com ela quando o pai está em viagem; quando ele volta, acaba-se este privilégio e o menino volta para sua cama. Para o garoto, as viagens do pai e, portanto, sua ausência, era desejada. Logo, uma maneira de concretizar tal desejo seria que o pai estivesse morto. Esta é a primeira vez que a constelação edípica aparece na obra de Freud.

Na experiência clínica de Freud com pacientes neuróticos, os sonhos de morte de parentes próximos têm a mesma motivação. Ele conta que uma de suas pacientes falava aflita e chorosa que não queria vê-los, pois, estes deviam achá-la horrível.

A seguir, ela contava um sonho que teve aos quatro anos: "Um lince estava andando no telhado; então algo caíra ou ela havia caído; a seguir a mãe fora levada para fora da casa, morta." A interpretação dada era que, quando criança, ela havia desejado que a mãe estivesse morta e que, por isso, não queria ver seus parentes.

Após a narração, a paciente lembrou-se que na infância fora chamada injustamente de "olho de lince" por um menino na rua e que, aos três anos uma telha caíra na cabeça da mãe, causando grande sangramento.

Nesse relato, se encontram as duas faces da produção onírica; de um lado o desejo de morte em relação à mãe, explícito no sonho e do outro, a censura por ter tal desejo, que aparece no sonho a partir da associação com o lince, e as implicações que este animal tinha para a paciente.

Após alguns outros exemplos deste tipo, Freud conclui:

"Em minha experiência, que já é extensa, o papel principal nas vidas mentais de todas as crianças que posteriormente se tornam psiconeuróticas é desempenhado por seus pais. Estar apaixonado por um dos progenitores e odiar o outro é um dos constituintes essenciais do acervo de impulsos psíquicos que

se formam naquela época e que é de tanta importância no determinar os sintomas da neurose posterior. Não acredito, todavia, que os psiconeuróticos difiram acentuadamente nesse sentido de outros seres humanos que permanecem normais – isto é, que sejam capazes de criar algo absolutamente novo e peculiar para si próprios. É muito mais provável – e isto é confirmado por observações ocasionais sobre crianças normais - que somente sejam diferenciados por exibirem, numa escala ampliada, sentimentos de amor e ódio aos seus pais que ocorrem menos óbvia e intensamente nas mentes da maioria das crianças." (Freud, S. – "A Interpretação dos Sonhos")[51]

Após dar alguns exemplos com sonhos de seus pacientes, em que há o desejo amoroso por um dos pais e ódio relativo ao outro, Freud relaciona esta constelação ao mito de Édipo, mais precisamente ao Oedipus Rex de Sófocles.

No que se refere aos sonhos de hostilidade em relação aos pais, a explicação dada é que determinados desejos incestuosos dirigidos a um deles, por serem bastante investidos de energia, passam para os sonhos sem nenhuma censura e, portanto, os desejos incestuosos aparecem nesses, de maneira "bruta".

Desta maneira Freud explica o sentido do trabalho dos sonhos, que é *"impedir a produção de angústia ou de outras formas de afeto aflitivo"*. Este será o tema do Capítulo VI, "A Elaboração dos Sonhos."

Freud inicia esse, reafirmando a diferença entre o conteúdo manifesto e os pensamentos oníricos, propondo-se a explicar a maneira pela qual essas diferenças se constituem. Para tal, observa que, quando anotamos os sonhos, estes são mais curtos do que os pensamentos oníricos envolvidos na sua produção, obtidos através da análise. Este processo recebe o nome de condensação, e para Freud:

"A natureza da relação entre o conteúdo onírico e os pensamentos oníricos torna-se, assim, visível. Não somente são os elementos e um sonho determinado pelos pensamentos oníricos muitas vezes,

como os pensamentos oníricos individuais são representados no sonho por vários elementos. Trilhas associativas conduzem de um elemento do sonho para vários pensamentos oníricos e de um pensamento onírico para vários elementos do sonho. (...) Um sonho é, antes, construído por toda a massa de pensamentos oníricos que são submetidos a uma espécie de processo manipulativo, no qual aqueles elementos que têm os suportes mais numerosos e fortes adquirem o direito de acesso ao conteúdo onírico. No caso de todos os sonhos que submeti a uma análise dessa natureza, invariavelmente encontrei esses mesmos princípios fundamentais confirmados: os elementos do sonho são construídos a partir de toda a massa de pensamentos oníricos e se demonstra que cada um desses elementos foi determinado muitas vezes mais em relação aos pensamentos oníricos." (Freud, S. -"A Interpretação dos Sonhos")[52]

Em outras palavras, no conteúdo manifesto dos sonhos, cada elemento tem relação com várias associações; logo, por trás de uma imagem onírica estão envolvidos alguns pensamentos latentes, e é neste sentido que Freud fala em super-determinação.

Outra dinâmica importante do trabalho dos sonhos é a do deslocamento, que se caracteriza por uma modificação na ênfase do pensamento do sonho. É esse conceito que justifica a diferenciação entre o conteúdo manifesto e latente. Nas palavras de Freud:

"Afigura-se assim plausível supor que, na elaboração do sonho, uma força psíquica esteja atuante, a qual, por um lado, despoja os elementos que possuem elevado valor psíquico de sua intensidade e, por outro, por meio de super-determinação, cria, a partir de elementos de baixo valor psíquico, novos valores, que depois se insinuam no conteúdo do sonho. Se esse for o caso, ocorre uma transferência e deslocamento de intensidades psíquicas no processo de formação do sonho, e é como resultado deles que se verifica a diferença entre o texto do conteúdo do sonho e dos pensamentos oníricos."
(Freud, S. – "A Interpretação dos Sonhos")[53]

E sendo assim:

"O processo que estamos aqui presumindo é nada menos que a parcela essencial da elaboração do sonho, merecendo ser descrito como 'deslocamento do sonho'. O deslocamento do sonho e a condensação do sonho são os dois fatores dominantes a cuja atividade podemos, em essência, atribuir a forma assumida dos sonhos." (Freud, S. – "A Interpretação dos Sonhos")[53]

Tais aspectos são de fundamental importância na teoria dos sonhos, na construção da teoria psicanalítica e no entendimento da histeria como se verá adiante.

Existem, porém, outros dois pontos de grande importância no trabalho dos sonhos: a consideração de representabilidade e a elaboração secundária, que não serão mencionadas neste trabalho.

Outra consideração importante de Freud refere-se à questão dos afetos nos sonhos. Para ele, contrariamente à opinião de outros pensadores, nos sonhos as idéias não ficam despidas de seus valores psíquicos. Porém, em alguns deles, cujo conteúdo manifesto expressa situações repulsivas e ansiógenas, não há qualquer sentimento de medo ou pavor, enquanto outros, em que o conteúdo manifesto é tranqüilo e pacífico, são acompanhados de sentimentos de angústia.

Como explicar este tipo de sonho, cujos afetos parecem estar em contradição com seu material? Para Freud, deve-se dirigir a atenção para o conteúdo latente dos sonhos:

"A análise revela-nos que o material ideacional passou por deslocamentos e substituições, ao passo que os afetos permanecem inalterados." (Freud, S. – "A Interpretação dos Sonhos")[54]

Este fato tem conseqüências importantes; uma delas é a de que o conteúdo ideacional e os afetos não constituem uma unidade, ou seja, esses podem se ligar a qualquer idéia relacionada a um desejo inconsciente. Outra implicação é de ordem clínica, pois os afetos sempre estão qualitativamente corretos e, sendo assim, revelam sentimentos por trás do conteúdo manifesto dos sonhos.

> *"Se um histérico ficar surpreendido por ter-se assustado por algo trivial, ou se um homem que sofre de obsessões ficar surpreendido por tais autocensuras aflitivas decorrentes de algo banal, ambos se extraviaram, porque consideraram o conteúdo ideacional – a trivialidade ou a banalidade - como o que é essencial; e travam uma luta inglória, porque consideram esse conteúdo ideacional como ponto de partida de sua atividade de pensamento."* (Freud, S. – "A Interpretação dos Sonhos")[55]

Frente a esta situação, Freud conclui orgulhoso:

> *"A psicanálise pode colocá-los na trilha certa reconhecendo o afeto, como sendo, ao contrário, justificado, e procurando a idéia que lhe pertence, mas foi reprimida por um sucedâneo."* (Freud, S. – "A Interpretação dos Sonhos")[55]

Neste trecho é clara a relação entre a teoria dos sonhos e a formação de sintomas neuróticos, ou seja, os aspectos essenciais da formação dos sonhos são os mesmos dos sintomas das neuroses.

Finalmente, o capítulo sete. Trata-se do último, intitulado "A Psicologia dos Processos Oníricos", que conclui a referida obra de Freud com inspiração ainda maior do que a vista até aqui.

Para introduzi-lo, Freud comenta que:

> *"Até aqui estivemos principalmente interessados no significado secreto dos sonhos e no método de descobri-lo, bem como nos meios empregados pela elaboração onírica para ocultá-lo: os problemas da interpretação onírica ocuparam até aqui o centro do quadro. (...) Somente após havermos resolvido tudo aquilo que se relaciona com o trabalho de interpretação é que podemos compreender as deficiências de nossa psicologia dos sonhos."* (Freud, S. – "A Interpretação dos Sonhos")[56]

E adverte a seguir, profeticamente:

> *"(...) deve ficar claramente entendido que a parte fácil e agradável de nossa viagem ficou para trás. Até aqui, todos os caminhos ao longo dos quais viajamos conduziram-nos em direção à luz, em direção à elucidação e a uma compreensão mais completa. Entretanto, assim que nos esforçarmos por penetrar mais profundamente nos processos mentais que se acham envolvidos no ato de sonhar, cada caminho terminará em trevas. (...) Seremos obrigados a estabelecer um certo número de hipóteses novas que afloram experimentalmente à estrutura do aparelho mental e o jogo de forças que nele opera."* (Freud, S. – "A Interpretação dos Sonhos")[56]

E para se chegar a este resultado:

> *"As hipóteses psicológicas a que somos levados por uma análise dos processos do sonhar devem ser deixadas, por assim dizer, em suspenso, até poderem ser relacionadas às descobertas de outras investigações que buscam abordar o âmago do problema a partir de outro ângulo."* (Freud, S. – "A Interpretação dos Sonhos")[56]

Os objetivos de Freud ficam mais claros neste trecho: a busca por um "aparelho mental" e o mergulho nas "trevas" possibilitarão uma compreensão dos sonhos e das neuroses, o que ele sempre procurou.

Para tal mergulho, ele estuda os esquecimentos nos sonhos, atribuindo estes ao trabalho da resistência; e, neste sentido, tal esquecimento faz parte do debate de forças psíquicas que se opõem, sendo também fruto de uma deformação do material onírico. Porém, como se formam os sonhos visto que a resistência sempre se encontra presente? Freud responde a questão da seguinte maneira:

"Uma consideração da ação recíproca das forças psíquicas neste caso deve levar-nos a inferir que o sonho de fato não teria ocorrido de modo algum, se a resistência houvesse sido tão acentuada durante a noite quanto o é durante o dia. Temos que concluir que, no decorrer da noite, a resistência perde um pouco de seu poder, embora saibamos que ela não o perde inteiramente, uma vez que já demonstramos o papel que desempenha na formação dos sonhos, como agente deformador. Isto torna fácil compreender como, havendo recuperado toda a sua força no momento do despertar, ela em seguida passa a livrar-se daquilo que foi obrigada a permitir enquanto se achava débil." (Freud, S. – "A Interpretação dos Sonhos")[57]

Outro aspecto levantado por Freud é a utilização de associações do sonhador para interpretar sonhos. Embora tenha sofrido críticas por fazer uso de tal método, ele acredita que as associações têm origem em motivações inconscientes e que, portanto:

"Nenhuma ligação é demasiado frouxa, nenhum chiste é demasiado ruim para servir de ponte entre um pensamento e outro. (...) Sempre que um elemento psíquico se acha ligado a outro por uma associação objetável ou superficial, há também entre eles uma ligação legítima e mais profunda, que está sujeita à resistência da censura." (Freud, S. – "A Interpretação dos Sonhos")[58]

Através do método de associação livre é possível chegar do mais superficial ao mais profundo e deixam de existir idéias sem sentido ou descabidas; é o que Freud chamará de "Determinismo Psíquico".

Na segunda parte deste capítulo, Freud inicia sua descrição salientando que utilizará o termo "instâncias" ao se referir aos componentes do aparelho mental. Para ele, a atividade psíquica tem início a partir de estímulos internos ou externos que terminam em enervações, ou seja, parte de uma percepção e ruma a uma atividade motora, tal qual no arco-reflexo.

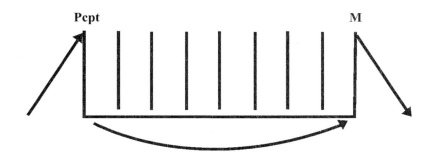

É introduzida então uma diferenciação na parte sensória deste aparelho, a memória. Porém, segundo Freud, é impossível que um mesmo sistema consiga reter memórias e, simultaneamente, receber novas informações.

Portanto, faz-se necessário supor um outro sistema que esteja por trás do aparelho perceptivo (Pcpt.) e faz com que as excitações passageiras do primeiro sistema transformem-se em traços permanentes. Desta forma, o esquema do aparelho psíquico ficaria da seguinte maneira.

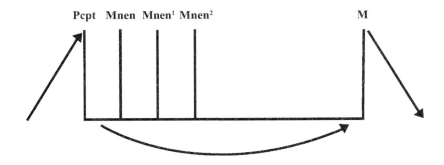

A partir desta concepção, são relacionadas as percepções e a memória, de modo que não se pode pensar em uma sem levar em conta a outra:

> "Nossas percepções acham-se mutuamente ligadas em nossa memória – primeiro, e acima de tudo, de acordo com a simultaneidade da ocorrência. Falamos deste fato como sendo a 'associação'. É então claro que se o sistema Pcpt. não possui qualquer memória, ele não pode reter nenhum traço associativo; os elementos Pcpt. isolados seriam intoleravelmente impedidos de desempenhar sua função se o remanescente de uma ligação anterior tivesse de exercer influência sobre uma percepção nova. Dessa maneira, temos de presumir que a base de associação reside nos traços mnemônicos." (Freud, S. – "A Interpretação dos Sonhos")[59]

A associação seria então a facilitação de transmissão de uma excitação para um determinado elemento Mnem., em detrimento de outro. Fica claro, então, que existem vários elementos Mnem., cada um responsável por um tipo de registro, sendo o primeiro associativo, o da simultaneidade, e os outros associados a qualquer outro tipo de coincidências e similaridades.

A seguir Freud faz, de forma singela, "uma observação geral que talvez possa ter implicações importantes":

> "É o sistema Pcpt., que não tem capacidade de reter modificações e, assim, não possui memória, que supre a nossa consciência com toda a multiplicidade das qualidades sensórias. Por outro lado, nossas lembranças – sem excetuar aquelas que se acham mais profundamente gravadas em nossas mentes – são, em si próprias, inconscientes. Elas podem ser tornadas conscientes, mas não pode haver dúvida de que podem produzir todos os seus efeitos enquanto se acham numa condição inconsciente. Aquilo que descrevemos como nosso 'caráter' acha-se baseado nos traços de memória

de nossas impressões e, além disso, as impressões que causaram o maior efeito em nós - as de nossa primeira infância – são precisamente aquelas que dificilmente se tornam conscientes." (Freud, S. – "A Interpretação dos Sonhos")[60]

Ele retorna, então, à questão das duas instâncias psíquicas: uma que submete a outra à crítica e a uma exclusão de seu material da consciência. Esta instância tem relação mais estreita com a vigília, nossas ações voluntárias e consciência. Segundo estas inovações, o esquema do aparelho psíquico sofre novas modificações:

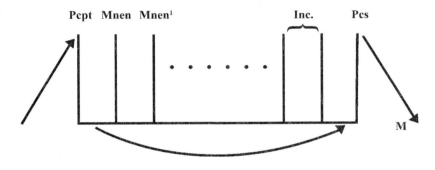

A alteração consiste em relacionar o pré-consciente e o inconsciente, deixando mais clara a relação destas instâncias com o consciente.

Partindo deste ponto, Freud vai introduzindo a novidade de sua concepção; para ele os processos excitatórios do pré-consciente (Pcsc.), podem atingir o consciente (Cs.) sem restrições, desde que estes processos tenham intensidade suficiente para tal. O sistema subjacente ao pré-consciente é o inconsciente (Inc.), que não tem tal acesso à consciência, a não ser por intermédio do pré-consciente e, para que tal ocorra, o processo excitatório tem de ser modificado para alcançá-la.

No que se refere aos sonhos, Freud se pergunta de onde vêm os impulsos responsáveis por sua formação. De maneira sucinta, afirma que vêm do sistema Inc. e se ligam a pensamentos oníricos do

Pcsc., para desta forma conseguir acesso ao Cs. Nesta passagem do Pcsc. para o Cs. atua a resistência, que censura e modifica os pensamentos oníricos para que estes se manifestem através dos sonhos. Neste sentido é que Freud introduz o termo regressão, uma vez que nos sonhos a excitação caminha para "trás", não no sentido da extremidade motora, mas no sentido sensório. Por isso os sonhos são experiências alucinatórias, visto que os pensamentos oníricos são expressos de maneira primitiva, através de imagens, em virtude da resistência:

> "...com toda a probabilidade, esta regressão, onde quer que ocorra, é um efeito da resistência que se opõe ao avanço de um pensamento na consciência ao longo do caminho normal e de uma atração simultânea exercida sobre ele pela presença de lembranças dotadas de grande força sensorial." (Freud, S. – "A Interpretação dos Sonhos")[61]

Na parte seguinte, Freud discute novamente a realização de desejos, porém, relacionando-a com o esquema de aparelho psíquico formulado anteriormente, e introduzindo algumas novidades. Ele parte da questão: de onde se originam os desejos que se realizam nos sonhos?

Sua resposta menciona três possíveis origens: 1) o desejo pode ter sido despertado no decorrer do dia e, por algum motivo, não pôde ser satisfeito tratando-se, portanto, de um desejo proveniente do Pcsc.; 2) o desejo pode ter ocorrido durante o dia, porém, foi suprimido, sendo então os sonhos que se formam de conteúdos expulsos do Pcsc. para o Inc. e 3) o desejo pode não ter qualquer conexão com a vida diurna, manifestando-se ativamente à noite.

Estes impulsos são incapazes de ir além do Inc. e são responsáveis pela produção dos sonhos. Os desejos advindos do Pcsc. não são suficientemente intensos para produzir um sonho, eles fornecem material pelo qual o Inc. pode se expressar. Sobre isto Freud afirma:

"*Minha suposição é que um desejo consciente só pode tornar-se um induzidor de sonho se obtiver sucesso em despertar um desejo inconsciente do mesmo teor e conseguir reforço dele.*" (Freud, S. – "A Interpretação dos Sonhos")[62]

Outro ponto importante é a afirmação de que "*um desejo que é representado num sonho deve ser um desejo infantil*". Nos sonhos de crianças, os desejos que os formam também são inconscientes, porém, sendo de estrutura mais clara e não estando sujeitos à censura da mesma maneira que os adultos, tais desejos são facilmente reconhecíveis e relacionáveis com as atividades diurnas, características do sistema Pcsc. Ou seja:

"*No caso dos adultos, ele se origina no Inc.; no caso das crianças, quando não há ainda divisão ou censura entre o Pcsc. e o Inc. ou em que essa divisão está sendo apenas gradualmente estabelecida, trata-se de um desejo irrealizado e não reprimido, oriundo da vida de vigília.*" (Freud, S. – "A Interpretação dos Sonhos")[63]

Mas qual é este desejo proveniente do inconsciente, que se encontra na produção dos sonhos? Segundo Freud, tal modelo de aparelho psíquico passa por um longo processo de desenvolvimento até chegar ao seu final. Ele acredita que a principal função do aparelho mental seja a de manter, dentro dos limites possíveis, o organismo livre de estímulos; logo, o aparelho primitivo funcionaria como o arco-reflexo, ou seja, cada estímulo sensorial teria uma imediata descarga motora. Com as novas necessidades e exigências, este mecanismo torna-se insuficiente.

Freud cita como exemplo um bebê com fome, ele grita e esperneia, porém, a situação permanece a mesma, caso ele não seja alimentado, persistindo um estímulo contínuo. O estímulo, então, pode encontrar duas soluções: uma experiência de satisfação definitiva, com auxílio externo (a nutrição) e outra em que a experiência de satisfação está associada a um traço de memória de uma necessidade anterior. Numa próxima vivência da necessidade, surgirá:

"Um impulso psíquico que procurará recatexiar a imagem mnemônica da percepção e reevocar a própria percepção, isto é, restabelecer a situação da satisfação original. Um impulso desta espécie é o que chamamos de desejo; o reaparecimento da percepção é a realização do desejo e o caminho mais curto a essa realização é uma via que conduz diretamente da excitação produzida pelo desejo a uma catexia completa da percepção." (Freud, S. – "A Interpretação dos Sonhos")[64]

Para Freud, tal mecanismo pode produzir inclusive satisfações alucinatórias, o que aproxima ainda mais o desejo aos sonhos. Nos casos em que a satisfação não ocorre e persiste a necessidade, a catexia interna pode tornar-se tão forte quanto a externa – regressão – assim está caracterizada uma psicose alucinatória, em que ocorre um investimento total no objeto de desejo.

Nesses casos, os esforços de satisfação serão direcionados para o mundo externo. O sistema Cs. é o responsável por esta interrupção, agindo por intermédio do pensamento e do controle voluntário.

Para Freud:

"...toda esta atividade de pensamento constitui simplesmente um acesso indireto à realização de desejo que foi tornado necessário pela experiência. O pensamento, afinal de contas, nada mais é do que o substituto de um desejo alucinatório e é por si próprio evidente que os sonhos têm de ser realizações de desejos, uma vez que nada mais, a não ser um desejo, pode colocar nosso aparelho mental em ação. Os sonhos, que realizam os seus desejos ao longo do curto caminho da regressão, simplesmente preservaram para nós, a esse respeito, uma amostra do método primário de funcionamento psíquico, um método que foi abandonado como ineficaz." (Freud, S. – "A Interpretação dos Sonhos")[65]

Este método não é abandonado totalmente; o pensamento caracteriza nossa vida em vigília, porém, à noite, quando a censura não se encontra tão organizada, os desejos infantis retornam sob a forma de sonhos.

Os sonhos são, portanto, realizações de desejos provenientes do Inc., e este sistema tem como única atividade o objetivo da satisfação. Porém, resta uma questão (entre outras) importante: qual a função dos sonhos?

Para Freud, eles são os guardiões do sono; mas, o que exatamente significa isto? Segundo ele, a consciência é capaz de receber, durante a vigília, excitações provenientes do sistema perceptivo e excitações de prazer e desprazer, que vêm do interior do aparelho psíquico; porém, estas últimas não chegam a ser objeto da consciência, a não ser que provoquem as referidas sensações.

Como já foi visto, essas excitações não atingem a consciência devido à atuação do Pcsc., que barra, através da censura, excitações que podem vir a interferir nas suas funções perceptivas. Durante o sono ocorre um certo relaxamento da atividade do Pcsc., uma vez que este tem grande dispêndio de energia e, por este motivo, exige o sono para manter o equilíbrio entre as forças do psiquismo.

Com o relaxamento mencionado acima e a diminuição de estímulos sensoriais externos, as atenções do Pcsc. detêm-se nas excitações provenientes do Inc., e atuam sobre elas através do deslocamento, da condensação e da representabilidade. Para Freud:

"...permitir ao sonho prosseguir seu curso e despender certa quantidade de atenção mais ou menos desligada dele é uma economia de energia, comparada com o manter inconsciente rigidamente sob controle, tanto de noite quanto de dia."
(Freud, S. – "A Interpretação dos Sonhos")[66]

Pode-se falar agora na função dos sonhos, segundo Freud:

"O sonhar assumiu a missão de colocar de volta sob o controle do pré-consciente a excitação do Inc. que foi deixada livre;

assim procedendo, ele descarrega a excitação do Inc., serve-lhe de válvula de segurança e, ao mesmo tempo de um pequeno dispêndio de atividade de vigília. Dessa maneira, como todas as outras estruturas psíquicas da série da qual é membro, ele constitui um acordo: fica a serviço de ambos os sistemas, uma vez que satisfaz os dois desejos na medida em que eles são compatíveis um com o outro." (Freud, S. – "A Interpretação dos Sonhos")[67]

Neste sentido é que se pode falar no "sonho como guardião do sono", pois, na medida em que dois desejos (um do Inc. e outro do Pcsc.) são compatibilizados, é permitido o repouso da atividade consciente e a expressão de desejos inconscientes. Quando este acordo é rompido e um dos lados não cumpre a sua parte, a satisfação do desejo se coloca de forma tão violenta e perturbadora que interrompe o sono; esta é outra face dos sonhos de angústia, que privilegia o caráter econômico do psiquismo.

A seguir, Freud retornará à relação entre prazer-desprazer, trazendo algumas novidades.

Um primitivo aparelho psíquico, baseado no modelo do arco-reflexo, tem sua atividade regulada no esforço em se evitar o acúmulo de excitação. Quando isso ocorre, é sentido como desprazer, colocando em movimento o aparelho psíquico, em busca da diminuição da excitação.

Tal descarga é sentida como prazer e caracteriza o "Princípio do Prazer". Freud relaciona tal mecanismo com o desejo, salientando que somente esse pode colocar em ação o aparelho psíquico:

"O primeiro desejo parece ter sido uma catexia alucinatória da lembrança da satisfação. Tais alucinações, contudo, (...) mostraram ser inapropriadas para ocasionar a cessação da necessidade ou, por conseguinte, do prazer que se liga à satisfação." (Freud, S. – "A Interpretação dos Sonhos")[68]

E, portanto:

> *"Uma segunda atividade tornou-se necessária, atividade que não permitiria à catexia mnêmica avançar tão longe quanto a percepção e, daí, sujeitar as forças psíquicas; em vez disso, ela desviaria a excitação surgida da necessidade ao longo de um caminho indireto que, através do movimento voluntário, alteraria o mundo externo de uma maneira tal que se tornaria possível chegar a uma percepção do real do objeto da satisfação."* (Freud, S. – "A Interpretação dos Sonhos")[68]

Segundo Freud, para se chegar ao poder e efetuar alterações no mundo externo, é fundamental que se tenha acumulado um grande número de experiências e inúmeros registros associativos permanentes, que sejam evocados por idéias intencionais. É neste momento que uma das funções do Pcsc. fica mais evidente, uma vez que não seria possível possuir todo o material da memória a seu dispor, sem grande desperdício de energia, ou seja, este sistema é responsável por manter sob controle a maior parte das catexias, utilizando-se apenas de uma pequena parcela para suas atividades:

> *"Tudo sobre o que insisto é a idéia de que a atividade do primeiro sistema PSI se dirige para garantir a livre descarga das quantidades de excitação, enquanto o segundo sistema, por meio das catexias que deles emanam, obtém êxito em inibir a descarga e em transformar a catexia numa catexia qüiescente, sem dúvida com uma elevação simultânea de seu potencial. Presume-se que, sob o domínio do segundo sistema, a descarga de excitação é dirigida por condições mecânicas inteiramente diferentes daquelas em vigor sob o domínio do primeiro sistema. Uma vez tenha o segundo sistema concluído sua atividade de pensamento exploratória, ele levanta a inibição e o represamento das excitações e lhes permite descarregar-se em movimento."* (Freud, S. – "A Interpretação dos Sonhos")[69]

Freud cita, como exemplo deste funcionamento, um estímulo doloroso que atinge o aparelho psíquico. Em um primeiro momento, ocorre uma série de movimentos, que acabam por se livrar do estímulo e quando este reaparece, o movimento ocorre novamente, dando conta da excitação.

A partir daí, o aparelho psíquico tende a abandonar a imagem mnêmica relativa ao estímulo em questão, o que provocaria desprazer. Tal dinâmica tem suas implicações:

> *"Essa evitação sem esforço e regular efetuada pelo processo psíquico da memória de qualquer outra coisa que outrora tenha sido aflitiva nos fornece o protótipo e o primeiro exemplo da repressão psíquica."* (Freud, S. – "A Interpretação dos Sonhos")[70]

Para Freud, a repressão ocorre quando a realização de desejos do Inc. são contraditórias com o Pcscs., ou seja, quando os desejos que funcionam baseados no Princípio do prazer, e que buscam satisfação imediata, causam desprazer no Pcsc., e conseqüentemente, no aparelho psíquico.

A esta dinâmica da busca pela satisfação imediata, típicas da infância e relacionada ao inconsciente, é dado o nome de "Processo Primário". Por outro lado, a partir da repressão, vai se constituindo outro dinamismo que privilegia a realidade, o pensamento, a postergação e o controle, característico do sistema Cs.; tal funcionamento é chamado de "Processo Secundário". Estas diferenciações irão caracterizar o aparelho psíquico e o seu funcionamento.

Freud conclui ressaltando que a diferenciação entre os dois sistemas não deve ser considerada apenas como uma questão de localização, mas sim como *"duas espécies de processos de excitação ou de modos de sua descarga"*.

A obra de Freud questiona toda a valorização dada à consciência, considerada como o centro do psiquismo humano. Para ele, o inconsciente inclui em si a consciência, ou seja, ela é uma diferenciação do primeiro, que vai se constituindo a partir do processo de repressão.

Outro detalhe importante é a afirmação de Freud de que existem *"duas espécies de inconsciente":*

"...um deles, que denominamos de Inc., é também inadmissível à consciência, enquanto denominamos o outro de Pcsc. porque suas excitações – após observar certas regras, é verdade, e talvez apenas após passarem por uma nova censura, não obstante sem relação com o Inc. – são capazes de atingir a consciência. (...) Descreveremos as relações dos dois sistemas um com o outro e com a consciência dizendo que o sistema Pcsc. situa-se como uma tela entre o sistema Inc. e a consciência. O sistema Pcsc. não apenas barra o acesso à consciência, como também controla o acesso ao poder de movimento voluntário e tem à sua disposição, para distribuição, uma energia catexial móvel, parte da qual nos é familiar sob a forma de atenção."
(Freud, S. – "A Interpretação dos Sonhos")[71]

Sendo o inconsciente o motivador principal de nossos atos e sede dos desejos que nos movem para uma ação, Freud se pergunta, *"que papel sobra para ser desempenhado em nosso esquema pela consciência, que era outrora tão onipotente e ocultava tudo o mais da vista?"*

Sua resposta é lacônica: a consciência é apenas um órgão dos sentidos para a percepção de qualidades psíquicas, ou seja, trata-se da extremidade do sistema perceptivo (tanto interno quanto externo), que é suscetível a excitações, percebendo suas qualidades de prazer e desprazer, porém, sem a capacidade de reter os traços de memória.

Todas as capacidades atribuídas até então à consciência, tais como o raciocínio e os pensamentos complexos, na realidade pertencem ao sistema Pcsc. e Inc., estes sim dotados de memória e capazes de fazer relações entre os dados. Esta é a grande descoberta de Freud e sua maior contribuição ao estudo da alma humana. Tal intento sofreu intensas resistências, que foram tratadas por ele como sendo a "terceira grande ferida narcísica da humanidade", em suas "Conferências Introdutórias", em 1916.

Para Freud, portanto, o aparelho psíquico tem a função de manter em um nível, o menor possível, a quantidade de energia dentro do organismo, ou seja, administrar para que não ocorra um acúmulo de estímulos. Esses vêm tanto do meio externo, quanto de dentro do aparelho, visto que o acúmulo de estímulos é qualificado como desprazeiroso pelo aparato psíquico. Cabe a ele priorizar quais os estímulos que devem ser satisfeitos, e a censura proveniente do sistema consciente se encarrega desta tarefa.

Para satisfazer tais necessidades, o aparelho psíquico, que tem o seu funcionamento baseado no arco-reflexo, necessita em um primeiro momento de auxílio externo para conseguir suprimir a tensão provocada pelo acúmulo de estímulos. A esta constelação dá-se o nome de "Vivência de Satisfação" e, a partir dela, os desejos poderão ser satisfeitos, e funcionarão tendo como referência a memória da imagem do objeto e do movimento que proporcionará a vivência da satisfação.

Portanto, quando ocorre um estado de tensão, o objeto é reinvestido e produz uma percepção alucinatória. Este reinvestimento é chamado de desejo e é responsável por colocar o aparelho em movimento.

Nesta divisão do aparelho psíquico, cada sistema tem seus próprios mecanismos de funcionamento, que acabam por provocar conflitos no seu interior, caracterizando, assim, a dimensão humana. Estes se dão a partir do momento em que desejos provenientes do inconsciente se colocam em oposição a aspectos morais e éticos da vida consciente do sujeito.

Entre estes conflitos constitutivos do ser humano estão o "princípio do prazer" e o "princípio da realidade". Antes de citá-los, é importante observar que em "A Interpretação dos Sonhos", Freud utiliza somente o termo "princípio do desprazer" ao se referir ao funcionamento pelo qual o organismo tende a evitar o desprazer. Posteriormente, ele o chamará "princípio do prazer".

Este, ligado ao sistema inconsciente, busca a satisfação imediata de seus desejos, com o objetivo de não permitir o acúmulo de tensão. O "princípio da realidade", que não aparece em "A Interpretação dos Sonhos" enquanto conceito, tem mais proximidade com o sistema consciente e procura adequar o desejo de realização imediata do "princípio do prazer" com as possibilidades e limites da realidade, o que implica na postergação da satisfação.

Isto caracteriza um dos conflitos psíquicos mais importantes, pois, aos dois princípios cabe a tarefa de encontrar uma maneira de obter sua satisfação.

Esta relação entre "princípio do prazer/princípio da realidade" tem em si os fundamentos para dois modos de funcionamento mental, que também são conflitantes: o "processo primário" e o "processo secundário".

O primeiro relaciona-se com o sistema inconsciente e é caracterizado pela maneira diferente de se manifestar, sendo que os sonhos são exemplos típicos de funcionamento mental no processo primário, ou seja, aí ocorre uma aparente ausência de sentido e é onde estão presentes o "deslocamento" e a "condensação", mecanismos que estão presentes tanto nos sonhos quanto nos atos falhos, nos esquecimentos, nos chistes e sintomas, e que têm a mesma procedência: o inconsciente.

Estes conflitos entre os dois sistemas, que têm funcionamento e mecanismos tão diferentes, buscam satisfações incompatíveis umas com as outras, tendo de ser mediados. Esta mediação é realizada pelo sistema pré-consciente/consciente, ou seja, os desejos inconscientes que procuram satisfação e são submetidos ao recalque no decorrer do dia, conseguem se satisfazer quando a censura do pré-consciente/consciente não se encontra tão "atenta".

A partir daí se encontram os já mencionados mecanismos de "condensação" e "deslocamento" que, após realizarem seu trabalho, permitem que os desejos "disfarcem" seus conteúdos e consigam se satisfazer. Mais tarde, Freud chamará este funcionamento de "formação de compromisso", em que ocorre um acordo entre as duas instâncias, no sentido de que ambas satisfaçam seus desejos, outrora tão conflitantes.

COMENTÁRIOS

Em "A Interpretação dos Sonhos", Freud tem o objetivo de apresentar uma técnica psicológica de interpretação que permita revelar os significados e a estrutura psíquica do sonhador.

Para demonstrar suas idéias, parte da premissa de que os sonhos são a realização de desejos, e que existe uma relação entre a satisfação deles nos sonhos e nas neuroses. A partir de sua experiência com pacientes histéricas, Freud dedicará sua atenção na busca de um conjunto de estruturas que caracterizarão não só a histeria, mas toda a experiência humana. Esta é uma das principais virtudes desta obra.

Não se deve esquecer que a leitura que está sendo feita da obra "A Interpretação dos Sonhos" tem como referência seu percurso rumo à compreensão da histeria. A partir de sua observação de que os sintomas histéricos e os sonhos têm a mesma origem e os mesmos mecanismos e que esta obra tem como um de seus objetivos dar maior amplitude aos novos conhecimentos, pode-se entender que, ao falar de uma técnica de interpretação dos sonhos, Freud também se refere a uma maneira nova de compreensão dos sintomas histéricos.

Feita esta observação, o primeiro dado que chama a atenção por ter relação entre a histeria e "A Interpretação dos Sonhos", está presente logo no título, e refere-se ao termo "interpretação".

A hipótese de que os sintomas histéricos têm um sentido passível de entendimento é freqüente no Século XIX. Vários autores, entre eles Charcot, Breuer e o próprio Freud, no início de sua carreira, defendiam a tese de que os sintomas poderiam ser entendidos dentro de uma relação de causalidade e que, descobrindo-se a causa, poderiam ser eliminados.

Nesta obra, por outro lado, Freud propõe o critério interpretativo para a compreensão dos sonhos e dos sintomas, ou seja, busca o sentido latente das produções psíquicas, procurando o desejo, o conflito e as defesas envolvidas nestas manifestações. Pode-se dizer que o conceito interpretativo é um avanço em relação ao critério da causalidade, na medida em que implica o indivíduo em suas produções e busca compreendê-las a partir dos relatos do próprio sujeito. Porém, tal conceito não poderia existir na produção freudiana se, anteriormente, não houvesse a convicção de que os sintomas têm um sentido.

A questão do conteúdo manifesto e latente, da interpretação, e do sonho como realização de desejos, introduz alguns dos aspectos mais importantes desta obra: a repressão e o inconsciente. Na maior parte dos sonhos, a realização de desejos refere-se a conteúdos latentes, que não pertencem à consciência e, assim, só podem ser compreendidos através da interpretação.

Tais desejos relacionam-se à sexualidade infantil e revelam uma constelação psíquica de amor e ódio em relação aos pais. Por serem controversos e conflitivos, esses desejos sofrem a ação da repressão e tornam-se inconscientes. Mesmo assim, buscam satisfação, visto que a carga de energia pulsional é muito grande e torna-se fonte de desprazer.

Os sonhos e os sintomas têm sua maior motivação na satisfação de desejos provenientes do sistema inconsciente e devem ser compreendidos através da interpretação. Os sintomas histéricos têm exatamente essas características, sendo dotados de significação e referindo-se a desejos inconscientes infantis e tendo os mesmos mecanismos da formação onírica.

Porém, a realização dos desejos inconscientes não coincide com a satisfação consciente. Os desejos inconscientes trazem sofrimento ao sistema consciente do indivíduo e, sendo assim, o aparelho psíquico busca maneiras diferentes de encontrar expressão, o que ocorre através dos sonhos, lapsos e, em neuróticos, pelos sintomas. Foi a partir dos sintomas histéricos que Freud descreveu os mecanismos de deslocamento, da condensação e do simbolismo.

O deslocamento está presente em qualquer manifestação somática histérica em que a representação se desloca de uma idéia conflitiva para um distúrbio somático. O simbolismo é a síntese dos sintomas somáticos histéricos, uma vez que cada sintoma se relaciona com estes conflitos.

O material necessário para se realizar a interpretação é obtido através da narração de idéias, pensamentos, lembranças, memórias e associações do paciente, com o mínimo possível de censura. Em "A Interpretação dos Sonhos" Freud busca desenrolar o novelo de associações e, desta maneira, identificar a dinâmica psíquica envolvida nos sonhos e nos sintomas. O sonho funciona como estímulo para material associativo e tem por objetivo vencer resistências a conteúdos que não fazem parte da consciência, mas interferem na vida em vigília, através de lapsos e sintomas, entre outras atividades psíquicas.

Através do critério interpretativo e do método de associação livre, Freud busca compreender as significações que se encontram por trás de nossas manifestações. Cabe ao analista, portanto, buscar o conteúdo latente que determina a produção onírica e dos sintomas. A partir da diferenciação entre o conteúdo manifesto e latente, Freud introduz a concepção de que o homem é constituído por instâncias diferentes entre si e, desta maneira, promove a dissociação da consciência.

Tal hipótese é herança do hipnotismo e está presente na obra de Freud pelo menos desde 1885. Nessa ocasião, ele atribui a origem dos sintomas histéricos às idéias que são removidas da associação e ficam desconectadas de seu contexto, sem que o paciente tenha consciência do que está lhe acontecendo.

Em todos os momentos da produção freudiana aparece a convicção de que existe uma determinação não consciente que é responsável pelos sintomas histéricos e cujo acesso é possível através da hipnose.

"A Interpretação dos Sonhos" descreve detalhadamente, pela primeira vez, sua maior descoberta, o inconsciente. Esse termo era utilizado até então apenas para designar características que não faziam parte da consciência do indivíduo.

Freud passa a considerar nesta obra o inconsciente como um sistema com características, leis e organização própria e, sendo assim, procura defini-lo de modo mais específico, abordando o conceito dos pontos de vista: 1) tópico, caracterizando-o como parte do aparelho psíquico constituído por conteúdos que não fazem parte da consciência, por sofrerem ação da repressão, 2) econômico, em que suas manifestações são compreendidas a partir de quantidades de energia; e, 3) dinâmico, em que se busca compreender como é que se dá a movimentação de energia por entre os sistemas e os conflitos intrapsíquicos, que constituem o aparelho intrapsíquico.

Do ponto de vista econômico foi possível ver como esta questão já estava presente há muito tempo na obra de Freud. Em "Estudos sobre a Histeria", há influência da Física, pois, as emoções eram entendidas enquanto uma somatória da quantidade de afeto e de associação de idéias. O trauma ocorria quando o indivíduo se deparasse com uma grande quantidade de energia (afeto), para qual o organismo não estivesse pronto para ab-reagir através do mecanismo do arco-reflexo.

Em "A Interpretação dos Sonhos", tal raciocínio encontra-se presente, o aparelho psíquico também se baseia no arco-reflexo e, portanto, busca manter o equilíbrio energético do organismo, dando vazão a excitações provenientes do aparelho sensorial.

Ao falar em ponto de vista dinâmico, Freud refere-se à maneira pela qual a energia psíquica (libido) circula pelo aparelho psíquico e é responsável pelos processos psíquicos do indivíduo. Assim, estas considerações também são anteriores a essa publicação, tendo influência dos estudos de Breuer a respeito da histeria.

O ponto de vista dinâmico acaba com a concepção de "causa-efeito" e com o entendimento unicamente racionalista das manifestações humanas, na medida em que busca compreender e interpretar cada ato como fruto de conflitos de uma interioridade que não pode ser entendida mecanicamente e que não faz parte da consciência. Tal concepção dá ao inconsciente outra dimensão e, a partir desta novidade, é que se poderá falar em um sistema inconsciente como um dos constitutivos do aparelho psíquico, e de sua importância ativa sobre nossos atos e processos mentais.

As características levantadas anteriormente a respeito dos sonhos têm muita relação com os sintomas histéricos, uma vez que foi a partir da experiência com a histeria que muitos dos mecanismos da censura foram observados e descritos. A sexualidade infantil, como fonte geradora de conflitos inconscientes, chama a atenção de Freud desde a formulação da "teoria da sedução".

A descrição do aparelho psíquico dotado de sistemas conflitantes está presente nos sintomas histéricos, na medida em que os conflitos entre os desejos e a repressão se encontram tanto na origem dos sintomas quanto dos sonhos. O funcionamento dos mecanismos inconscientes descreve a maneira pela qual os sintomas histéricos se constituem e se apresentam no trabalho clínico.

Todas estas relações entre a histeria e a obra "A Interpretação dos Sonhos" são visíveis, também é perceptível que grande parte destas formulações são anteriores à publicação da referida obra, só encontrando uma formulação mais organizada neste momento.

Outro aspecto importante é a busca de Freud pela superação dos limites da histeria e sua tentativa de livrar-se do caráter patológico que cercava sua obra, formulando uma teoria do aparelho psíquico de validade universal, que explicasse os sonhos, os sintomas, as neuroses... Enfim, o ser humano.

Conclusão

A histeria sempre se colocou como um enigma para os que resolveram estudá-la. Desde a antiguidade, o conhecimento instituído tem sido questionado pelos sintomas peculiares dos pacientes histéricos, com sua plasticidade e características indefinidas.

Justamente pela peculiaridade de seus sintomas, produziram-se muitas teorias e hipóteses que buscavam dar conta da amplitude dos fenômenos, mas essas se colocavam em contradição umas com as outras e fracassavam.

Esta dificuldade em definir e tratar a histeria evidenciava o desconhecimento humano sobre suas próprias características e os limites de seus conhecimentos na resolução de enigmas, por colocar o homem frente ao inominável, ao desconhecido e ao incontrolável.

Por este motivo, a histeria provocou no homem atitudes de desconfiança, medo e o desejo de vingança sobre o ignoto. Tal retaliação é visível desde a Antiguidade, quando muitos dos tratamentos tinham caráter eminentemente punitivo, passando por todos os períodos subseqüentes e presentes até hoje em nossos hospitais.

Na medida em que novos conhecimentos foram sendo adquiridos, os limites do saber humano e as características do enigma da histeria modificavam-se. É a partir deste percurso que a questão dessa patologia vai se colocar para Freud e impulsionar suas pesquisas. Após a realização do levantamento das concepções de histeria e de seus comentários, é possível traçar uma relação entre os momentos históricos estudados por similaridades, diferenças, influências e coincidências e a "A Interpretação dos Sonhos", obra fundamental da Psicanálise.

Na Antiguidade, as principais contribuições referem-se à vinculação dos sintomas histéricos à sexualidade, ao início das "teorias dos vapores" e à crença de que elementos não visíveis interferem em nossos atos.

Nesse momento, a sexualidade era tão incompreendida quanto a histeria. Os desejos sexuais impulsionavam o homem em busca de satisfação e, quando isso não ocorria, instalava-se a doença. Acreditava-se que esta era fruto de um desequilíbrio interno, fosse por ordem do desejo de fazer crianças, por "humores" em desarmonia, por "vapores", ou por acúmulo de sementes, o que desestabilizaria o funcionamento do organismo.

Esta concepção tem semelhanças com a teoria freudiana de aparelho psíquico apresentada em "A Interpretação dos Sonhos", pois, para Freud, a função do aparelho psíquico é a de manter, dentro do organismo, o mínimo de energia possível. Seu acúmulo gera desprazer e uma das opções para dar vazão a ele é a atividade sexual. A sexualidade tem grande importância dentro da obra de Freud, porém, diferencia-se do que foi visto na Antiguidade, na medida em que a entende de um ponto de vista simbólico e psíquico.

As obras da Antiguidade relacionavam a histeria ao exercício concreto da sexualidade e quando isto não acontecia, havia uma movimentação, ou do útero ou de "vapores", dentro do organismo. Esta concepção tem duas conseqüências: 1) originar uma série de pesquisas a respeito da ação e das características dos "vapores, humores e espíritos animais", que será retomada no Renascimento, atingindo seu ápice no Século XVIII e culminando na hipnose e abrindo a possibilidade de se falar em um movimento interior sobre o qual não se tem controle, nem consciência, e que interfere sobre os atos humanos; 2) permitir que, posteriormente, se venha a falar em "dissociação de consciência", que será levada adiante por Freud ao se preocupar em descrever os mecanismos e as leis do inconsciente, partindo do estudo da hipnose em pacientes histéricas.

Na Idade Média, todas as questões são vistas através da ótica do catolicismo e os casos de histeria são entendidos como uma interferência diabólica e não existem avanços sobre o tema.

A partir do Século XVI são introduzidas mudanças importantes. Com o Renascimento, a Igreja Católica vai perdendo parte de sua influência na produção de conhecimento e reage a esta perda através da Inquisição. Neste momento, a histeria é estudada tanto pelo clero quanto pela ciência, uma vez que, era necessário diferenciar os casos de possessão dos de doença.

No início deste processo a importância da ciência era restrita à confirmação do parecer da Igreja. Porém, tal situação mudou e, pouco a pouco, a ciência passou a questionar o "saber" instituído pelo catolicismo. Os fenômenos histéricos novamente se apresentam como um enigma, e a ciência passa a adotar a histeria como sendo pertencente aos seus domínios e, a partir daí, instala-se uma metodologia racionalista para buscar o seu entendimento.

A importância do Renascimento está, principalmente, no fato de utilizar a metodologia racionalista e promover um resgate das teorias da Antiguidade, que tinham sido desconsideradas na Idade Média. Por esta razão, os trabalhos de Hipócrates, Platão e Galeno adquirem tanta importância a partir do final do Século XVII e influenciarão a produção do Século XVIII a respeito da histeria.

No Século XVIII, importantes contribuições na busca do entendimento da histeria marcam definitivamente a produção freudiana. O retorno aos autores clássicos promove a volta das questões suprimidas pela igreja católica, entre as quais a sexualidade. Muitos dos trabalhos produzidos neste momento retomam as hipóteses de que a abstinência sexual produz "vapores" que circulam pelo organismo e provocam os sintomas histéricos.

Esta concepção é importante e tem semelhança com o conceito do inconsciente proposto por Freud, uma vez que, este se baseia na existência de uma dinâmica interior, relacionada à sexualidade, que interfere sobre os atos humanos.

Com o desenvolvimento da ciência racionalista e a descoberta da circulação sanguínea, a "teoria dos vapores" perde credibilidade, já que o movimento destes, através da circulação sanguínea e/ou dos nervos, não tem como se sustentar.

A passagem do modelo circulatório para o magnético, realizada por Mesmer, é de fundamental importância, uma vez que não se preocupa com a existência concreta de "vapores", mas dá ênfase ao caráter energético do fenômeno. A teoria do "magnetismo animal" e do "sono magnético" de Mesmer desenvolvem-se e rumo ao hipnotismo. Posteriormente, sendo utilizado enquanto técnica para se tratar da histeria.

No Século XIX ocorrem muitas pesquisas a respeito da histeria com a utilização do hipnotismo, que deixa de ser visto como fruto do magnetismo, passando a ser encarado fundamentalmente como um fenômeno de sugestão. Esta técnica pressupõe a existência de outros estados de consciência. A dissociação da consciência, o crescimento do hipnotismo e a atenção dada às emoções, refletem a crescente influência do Romantismo sobre a produção científica, possibilitando o surgimento da Psicanálise e de uma obra como "A Interpretação dos Sonhos".

A produção freudiana tem início a partir das concepções de histeria dos séculos XVIII e XIX. Freud, no princípio de seus estudos, utilizava-se da hipnose para conseguir acesso às lembranças que não faziam parte da consciência, e que, por serem desagradáveis ao sujeito, eram suprimidas.

Desde que começou a trabalhar com pacientes histéricas, tinha a hipótese da existência do inconsciente, porém, não conseguia formulá-la teoricamente. Todo o seu percurso demonstra o quanto procurava construir um modelo de entendimento. Contudo, o que encontrava era o fracasso: a "teoria da sugestão hipnótica, a do trauma e a da sedução" comprovam tal busca. A histeria novamente se coloca como um enigma sobre o conhecimento instituído, questionando, de forma cabal, cada uma das teorias, uma após a outra.

A busca de Freud toma outros rumos a partir do momento em que ele, em sua auto-análise, defronta-se com os mesmos sofrimentos, angústias e desejos de suas pacientes. Ao relacioná-los com fantasias originadas de desejos inconscientes, descrevendo este fenômeno como não só específico da histeria, mas sim do ser humano.

Neste momento, além de redimensionar toda a questão da sedução, ele dá ao inconsciente outra amplitude, na medida em que este deixa de ser simplesmente uma designação tópica para adquirir o caráter de sistema, com importância simbólica e dinâmica na constituição do ser humano. Dentro desta perspectiva, os sintomas passam a ser compreendidos a partir de regras e leis peculiares do sistema inconsciente, tais como o deslocamento, o simbolismo e a condensação, e não restritos somente à psicopatologia, mas a toda produção psíquica.

O grande mérito de Freud foi construir um modelo de aparelho psíquico capaz de dar conta dos fenômenos humanos e este modelo só pôde ser erigido a partir de sua experiência com a histeria. Um dos objetivos importantes de "A Interpretação dos Sonhos" foi desvincular seus conhecimentos do vértice psicopatológico.

Além de definir o funcionamento de alguns fenômenos característicos dos sintomas histéricos, dos sonhos, dos atos falhos e esquecimentos, enquanto detentores de sentido, Freud organiza um modelo de aparelho psíquico que buscou por muito tempo.

Para ele, o aparelho psíquico tem por fundamento a oposição entre duas forças e seu objetivo é manter a menor quantidade possível de estímulos no organismo, tal como no arco-reflexo. As forças que constituem o conflito intrapsíquico são provenientes do sistema inconsciente e buscam satisfação, encontrando oposição do consciente, que busca administrar o impasse, frente à sua pertinência. Os desejos inconscientes relacionam-se com a sexualidade infantil e tornam-se inconscientes na medida em que são inconvenientes aos padrões morais do sujeito.

Freud define os atos humanos como resultante da oposição destas forças, na medida em que ocorre um pacto entre elas e este garante uma satisfação disfarçada de seus desejos. Os sonhos, os sintomas, os esquecimentos e as manifestações artísticas fazem parte desta dinâmica.

A obra "A Interpretação dos Sonhos" de Freud teve como principais motivações a morte de seu pai, sua auto-análise e o objetivo de expor suas idéias sem o caráter patológico que acompanhava suas pesquisas. O início de sua produção se deu através do trabalho desenvolvido com pacientes histéricas e foi a partir da constelação psíquica destas que lhe foi possível formular sua concepção de um aparelho psíquico constituído de instâncias conflitantes. Porém, o estudo da sintomatologia histérica tem contribuições anteriores, na medida em que, questionando o conhecimento instituído, propicia uma série de reflexões a respeito da natureza humana e instiga novas pesquisas rumo a solução de seu enigma.

"A Interpretação dos Sonhos" é um trabalho teórico de fôlego, que acaba por ter várias implicações, destacando-se: 1) a forma como estão sintetizadas suas pesquisas relativas a histeria; 2) a fundamentação das noções de inconsciente e repressão; 3) a compreensão do sentido dos sonhos e dos sintomas, a partir de um único modelo teórico e 4) uma visão diferente do ser humano, abrindo caminhos para uma nova epistemologia que se contrapõe ao racionalismo cientificista de até então.

A partir de "A Interpretação dos Sonhos", Freud constrói um novo modelo de compreensão do ser humano. Ao falar de aparelho psíquico, propõe uma organização interna dotada de sistemas diferentes entre si (Ics.,Pcs., e Cs.), tirando da consciência parte da importância que lhe era dada até então. Depois dele não se pôde mais dizer que o aparelho psíquico e a consciência são sinônimos, pelo contrário, ocorre um golpe profundo na arrogância humana, que se supunha dona de todos os seus atos. O homem é, portanto, dividido e fruto de seus conflitos internos, desejos e censuras.

Ao fazer tal proposição, Freud coloca a dimensão humana em um patamar diverso do que era visto até então; as contradições que caracterizam o homem são explicitadas e, a partir daí, a máxima cartesiana, "Cogito Ergo Sum" (Penso, Logo Sou) é duramente questionada, já que para Descartes o pensamento funciona como um equivalente para a reflexão, para a consciência.

A partir de seus trabalhos a respeito da histeria, Freud procura o agente responsável por sintomas tão diversos e intrigantes. Ao propor o inconsciente como instância psíquica, com regras e funcionamento próprio, os conflitos pelos quais passava o homem foram ganhando outra dimensão. O inconsciente freudiano não se refere simplesmente ao que não se encontra na consciência, mas sim a algo que funciona como um agente ativo que, apesar de não nos ser conhecido diretamente, tem importância sobre nossos atos e nossa constituição enquanto seres humanos.

Do ponto de vista filosófico, Freud questiona, através da Psicanálise, o Racionalismo que privilegia a consciência, revelando a contradição da alma humana e reconhece no homem uma interioridade autônoma coroando nela um processo que desarticula o ser humano.

A histeria é um exemplo de tal desarticulação, visto que ela permite observar a discordância entre o que é voluntário e as manifestações "sem sentido" do corpo nos sintomas histéricos. Por outro lado, no decorrer da história, tanto os sonhos quanto os sintomas histéricos foram relacionados às interferências externas (conflitos com os deuses, privação sexual, bruxaria etc.).

É possível, portanto, afirmar que as concepções da histeria no decorrer da história têm profunda importância em "A Interpretação dos Sonhos", na medida em que levantam uma série de questões e enigmas. Freud, ao se propor a compreendê-las, constrói um modelo de aparelho psíquico que leva em conta suas peculiaridades e alarga os limites do entendimento dos fenômenos humanos.

REFERÊNCIAS PARTE I

1. Citação retirada de E. Trillat, *História da Histeria*. São Paulo: Escuta, p. 23, 1991.
2. Citação retirada de E. Trillat, *História da Histeria*. São Paulo: Escuta, p. 19, 1991.
3. Citação retirada de E. Trillat, *História da Histeria*. São Paulo: Escuta, p. 19, 1991.
4. Citação retirada de E. Trillat, *História da Histeria*. São Paulo: Escuta, p. 19, 1991.
5. Citação retirada de E. Trillat, *História da Histeria*. São Paulo: Escuta, p. 21, 1991.
6. Citação retirada de E. Trillat, *História da Histeria*. São Paulo: Escuta, p. 25, 1991.
7. Citação retirada de E. Trillat, *História da Histeria*. São Paulo: Escuta, p. 26-27, 1991.
8. Citação retirada de E. Trillat, *História da Histeria*. São Paulo: Escuta, p. 28, 1991.
9. Citação retirada de E. Trillat, *História da Histeria*. São Paulo: Escuta, p. 29, 1991.
10. Citação retirada de E. Trillat, *História da Histeria*. São Paulo: Escuta, p. 32, 1991.
11. Citação retirada de E. Trillat, *História da Histeria*. São Paulo: Escuta, p. 34, 1991.
12. Citação retirada de E. Trillat, *História da Histeria*. São Paulo: Escuta, p. 36, 1991.
13. Citação retirada de Cazeto, S. J. *Da Possessão Divina à Segunda Natureza do Homem – Uma Continuação à Genealogia do Inconsciente*. PUC/SP, 1993 – Dissertação de Mestrado, p. 54.

14. Citação retirada de E. Trillat, *História da Histeria*. São Paulo: Escuta, p. 41, 1991.

15. Mueller, F. L. *História da Psicologia*. São Paulo: Companhia Editora Nacional, 2ª ed., p. 110, 1978.

16. Mueller, F. L. *História da Psicologia*. São Paulo: Companhia Editora Nacional, 2ª ed., p. 110, 1978.

17. Foucault, M. *Doença Mental e Psicologia*. Rio de Janeiro: Edições Tempo Brasileiro Ltda., p. 77, 1975.

18. Mueller, F. L. *História da Psicologia*. São Paulo: Companhia Editora Nacional, 2ª ed., p. 113-114, 1978.

19. Mandrou, R. *Magistrados e Feiticeiros na França do Século XVIII*. São Paulo: Perspectiva, p. 106-107, 1979.

20. Citação retirada de Mandrou, R. *Magistrados e Feiticeiros na França do Século XVIII*. São Paulo: Perspectiva, p. 137, 1979.

21. Citação retirada de Mandrou, R. *Magistrados e Feiticeiros na França do Século XVIII*. São Paulo: Perspectiva, p. 140, 1979.

22. Citação retirada de Mandrou, R. *Magistrados e Feiticeiros na França do Século XVIII*. São Paulo: Perspectiva, p. 140-141, 1979.

23. Mandrou, R. *Magistrados e Feiticeiros na França do Século XVIII*. São Paulo, Perspectiva, p. 66, 1979.

24. Citação retirada de Mandrou, R. *Magistrados e Feiticeiros na França do Século XVIII*. São Paulo, Perspectiva, p. 235, 1979.

25. Citação retirada de Mandrou, R. *Magistrados e Feiticeiros na França do Século XVIII*. São Paulo: Perspectiva, p. 234, 1979.

26. Citação retirada de Mandrou, R. *Magistrados e Feiticeiros na França do Século XVIII*. São Paulo: Perspectiva, p. 237, 1979.

27. Citação retirada de Mandrou, R. *Magistrados e Feiticeiros na França do Século XVIII*. São Paulo: Perspectiva, p. 133, 1979.

28. Citação retirada de Mandrou, R. *Magistrados e Feiticeiros na França do Século XVIII*. São Paulo: Perspectiva, p. 133, 1979.

29. Trillat, E. *História da Histeria*. São Paulo: Escuta, p. 571991.

30. Citação retirada de E. Trillat, *História da Histeria*. São Paulo: Escuta, p. 53, 1991.

31. Figueiredo, L.C.M. *A Invenção do Psicológico - Quatro Séculos de Subjetivação (1500-1900)*. São Paulo: Escuta/Educ, p. 108, 1992.

32. Mueller, F.L. *História da Psicologia*. São Paulo: Companhia Editora Nacional, 2ª ed., p. 188, 1978.

33. Citação retirada de E. Trillat, *História da Histeria*. São Paulo: Escuta, p. 63, 1991.

34. Citação retirada de E. Trillat, *História da Histeria*. São Paulo: Escuta, p. 64, 1991.

35. Citação retirada de E. Trillat, *História da Histeria*. São Paulo: Escuta, p. 67, 1991.

36. Citação retirada de E. Trillat, *História da Histeria*. São Paulo: Escuta, p. 70, 1991.

37. Citação retirada de E. Trillat, *História da Histeria*. São Paulo: Escuta, p. 71, 1991.

38. Citação retirada de E. Trillat, *História da Histeria*. São Paulo: Escuta, p. 73, 1991.

39. Citação retirada de E. Trillat, *História da Histeria*. São Paulo: Escuta, p. 74, 1991.

40. Citação retirada de E. Trillat, *História da Histeria*. São Paulo: Escuta, p. 74, 1991.

41. Citação retirada de E. Trillat, *História da Histeria*. São Paulo: Escuta, p. 79, 1991.

42. Citação retirada de E. Trillat, *História da Histeria*. São Paulo: Escuta, p. 81, 1991.

43. Citação retirada de E. Trillat, *História da Histeria*. São Paulo: Escuta, p. 95, 1991.

44. Trillat, E. *História da Histeria*. São Paulo: Escuta, p. 85-86, 1991.

45. Citação retirada de E. Trillat, *História da Histeria*. São Paulo: Escuta, p. 88, 1991.

46. Citação retirada de E. Trillat, *História da Histeria*. São Paulo: Escuta, p. 92-93, 1991.

47. Citação retirada de E. Trillat, *História da Histeria*. São Paulo: Escuta, p. 94, 1991.

48. Citação retirada de E. Trillat, *História da Histeria*. São Paulo: Escuta, p. 94, 1991.

49. Citação retirada de E. Trillat, *História da Histeria*. São Paulo: Escuta, p. 97, 1991.

50. Citação retirada de E. Trillat, *História da Histeria*. São Paulo: Escuta, p. 97, 1991.

51. Citação retirada de E. Trillat, *História da Histeria*. São Paulo: Escuta, p. 97, 1991.

52. Trillat, E. *História da Histeria*. São Paulo: Escuta, p. 83, 1991.

53. Ranun, O. Em: *A História da Vida Privada*. Ariés, P. & Duby. G. (Org.). São Paulo: Cia. das Letras, vol. IV, p. 258, 1991.

54. Citação retirada de E. Trillat, *História da Histeria*. São Paulo: Escuta, p. 83, 1991.

55. Figueiredo, L. C. M. *A Invenção do Psicológico – Quatro Séculos de Subjetivação (1500-1900)*. São Paulo: Escuta/Educ, p. 126, 1992.

56. Trillat, E. *História da Histeria*. São Paulo, Escuta: p. 105, 1991.

57. Wilson, E. *O Castelo de Axel (Estudo sobre a Literatura Imaginativa de 1870 a 1930)*. São Paulo: Cultrix, p. 10, 1985.

58. Wilson, E. *O Castelo de Axel (Estudo sobre a Literatura Imaginativa de 1870 a 1930)*. São Paulo: Cultrix, p. 10, 1985.

59. Blake, W. *O Matrimônio do Céu e do Inferno/O Livro de Thel*. São Paulo: Iluminuras, p. 13-14, 1987.

60. Goethe, J.W. *Fausto*. Rio de Janeiro, Tecnoprint, p. 39, 1984.

61. Berman, M. *Tudo que é Sólido Desmancha no Ar – A Aventura da Modernidade*. São Paulo: Cia. das Letras, p. 42-43, 1987.

62. Gombrich, E. H. *A História da Arte*. Rio de Janeiro: Zahar, 4ª ed., p. 395, 1985.

63. Trillat, E. *História da Histeria*. São Paulo: Escuta, p. 105-106, 1991.

64. Trillat, E. *História da Histeria*. São Paulo: Escuta, p. 108, 1991.

65. Citação retirada de E. Trillat, *História da Histeria*. São Paulo: Escuta, p. 107, 1991.

66. Trillat, E. *História da Histeria*. São Paulo: Escuta, p. 107, 1991.

67. Trillat, E. *História da Histeria*. São Paulo: Escuta, p. 108, 1991.

68. Trillat, E. *História da Histeria*. São Paulo: Escuta, p. 109, 1991.

69. Citação retirada de E. Trillat, *História da Histeria*. São Paulo: Escuta, p. 115, 1991.

70. Citação retirada de E. Trillat, *História da Histeria*. São Paulo: Escuta, p. 116-117, 1991.

71. Citação retirada de E. Trillat, *História da Histeria*. São Paulo: Escuta, p. 120, 1991.

72. Citação retirada de E. Trillat, *História da Histeria*. São Paulo: Escuta, p. 121, 1991.

73. Citação retirada de E. Trillat, *História da Histeria*. São Paulo: Escuta, p. 121, 1991.

74. Citação retirada de E. Trillat, *História da Histeria*. São Paulo: Escuta, p. 122, 1991.

75. Citação retirada de E. Trillat, *História da Histeria*. São Paulo: Escuta, p. 123, 1991.

76. Citação retirada de E. Trillat, *História da Histeria*. São Paulo: Escuta, p. 123, 1991.

77. Citação retirada de E. Trillat, *História da Histeria*. São Paulo: Escuta, p. 127, 1991.

78. Citação retirada de E. Trillat, *História da Histeria*. São Paulo: Escuta, p. 133, 1991.

79. Citação retirada de E. Trillat, *História da Histeria*. São Paulo: Escuta, p. 141, 1991.

80. Trillat, E. *História da Histeria*. São Paulo: Escuta, p. 152, 1991.

81. Citação retirada de E. Trillat, *História da Histeria*. São Paulo: Escuta, p. 153, 1991.

82. Trillat, E. *História da Histeria*. São Paulo: Escuta, p. 158, 1991.

83. Citação retirada de E. Trillat, *História da Histeria*. São Paulo: Escuta, p. 180, 1991.

84. Citação retirada de E. Trillat, *História da Histeria*. São Paulo: Escuta, p. 182, 1991.

85. Citação retirada de E. Trillat, *História da Histeria*. São Paulo: Escuta, p. 191, 1991.

86. Citação retirada de E. Trillat, *História da Histeria*. São Paulo: Escuta, p. 191, 1991.

87. Citação retirada de E. Trillat, *História da Histeria*. São Paulo: Escuta, p. 195, 1991.

88. Citação retirada de E. Trillat, *História da Histeria*. São Paulo: Escuta, p. 196, 1991.

89. Citação retirada de H. Ey, *Manual de Psiquiatria*. 2ª Ed., São Paulo: Masson, p. 485, 1978.

90. Citação retirada de E. Trillat, *História da Histeria*. São Paulo: Escuta, p. 208, 1991.

91. Breuer, J. & Freud, S. *Estudos sobre a Histeria*. Rio de Janeiro: Imago, p. 64-65, 1974.

92. Citação retirada de E. Trillat, *História da Histeria*. São Paulo: Escuta, p. 231, 1991.

REFERÊNCIAS PARTE II

1. FREUD, S. *Relatório sobre meus estudos em Paris e Berlim (1886)*. Rio de Janeiro: Imago, p.35-36, 1974.

2. FREUD, S. *Um caso de Cura pelo Hipnotismo (1892-93)*. Rio de Janeiro: Imago, p.174, 1974.

3. FREUD, S. *Um caso de Cura pelo Hipnotismo (1892-93)*. Rio de Janeiro: Imago, p.177-178, 1974.

4. FREUD, S. *Um caso de Cura pelo Hipnotismo (1892-93)*. Rio de Janeiro: Imago, p.183, 1974.

5. FREUD, S. *Um caso de Cura pelo Hipnotismo (1892-93)*. Rio de Janeiro: Imago, p.171, 1974.

6. FREUD, S. *Um caso de Cura pelo Hipnotismo (1892-93)*. Rio de Janeiro: Imago, p. 183, 1974.

7. FREUD, S. *Alguns pontos para um Estudo comparativo das Paralisias Motoras Orgânicas e Histéricas (1893)*. Rio de Janeiro: Imago, p. 174, 1974.

8. FREUD, S. *Alguns pontos para um Estudo comparativo das Paralisias Motoras Orgânicas e Histéricas (1893)*. Rio de Janeiro: Imago, p. 237 e 239, 1974.

9. BREUER, J. & FREUD, S. *Estudos sobre a Histeria (1893-1895)*. Rio de Janeiro: Imago, p. 43, 1974.

10. BREUER, J. & FREUD, S. *Estudos sobre a Histeria (1893-1895)*. Rio de Janeiro: Imago, p. 58, 1974.

11. BREUER, J. & FREUD, S. *Estudos sobre a Histeria (1893-1895)*. Rio de Janeiro: Imago, p. 65, 1974.

12. BREUER, J. & FREUD, S. *Estudos sobre a Histeria (1893-1895)*. Rio de Janeiro: Imago, p. 66, 1974.

13. BREUER, J. & FREUD, S. *Estudos sobre a Histeria (1893-1895)*. Rio de Janeiro: Imago, p. 77-78, 1974.

14. BREUER, J. & FREUD, S. *Estudos sobre a Histeria (1893-1895)*. Rio de Janeiro: Imago, p. 261, 1974.

15. BREUER, J. & FREUD, S. *Estudos sobre a Histeria (1893-1895)*. Rio de Janeiro: Imago, p. 268-269, 1974.

16. BREUER, J. & FREUD, S. *Estudos sobre a Histeria (1893-1895)*. Rio de Janeiro: Imago, p. 276, 1974.

17. FREUD, S. *Um Estudo Autobiográfico (1925)*. Rio de Janeiro: Imago, p. 42, 1974.

18. FREUD, S. *As Neuropsicoses de Defesa (1894)*. Rio de Janeiro: Imago, p. 65, 1974.

19. FREUD, S. *Um Estudo Autobiográfico (1925)*. Rio de Janeiro: Imago, p. 43, 1974.

20. FREUD, S. *Hereditariedade e a Etiologia das Neuroses (1896)*. Rio de Janeiro: Imago, p. 174, 1974.

21. FREUD, S. *Hereditariedade e a Etiologia das Neuroses (1896)*. Rio de Janeiro: Imago, p. 174, 1974.

22. JONES, E. *A Vida e a Obra de S. Freud*. Rio de Janeiro: Imago, 1989, vol. I, p. 327.

23. FREUD, S. *Extratos dos documentos dirigidos a Fliess (1892-1899)*. Rio de Janeiro: Imago, p. 350-351, 1974.

24. GAY, P. *Freud, Uma vida para nosso tempo*. São Paulo: Cia. das Letras, p. 02, 1989.

25. FREUD, S. *Um Estudo Autobiográfico (1925)*. Rio de Janeiro: Imago, p. 48, 1974.

26. JONES, E. *A Vida e a Obra de S. Freud*. Rio de Janeiro: Imago, vol. I., p. 329, 1989.

27. FREUD, S. *A Sexualidade na Etiologia das Neuroses (1898)*. Rio de Janeiro: Imago, p. 307, 1974.

28. FREUD, S. *A Sexualidade na Etiologia das Neuroses (1898)*. Rio de Janeiro: Imago, p. 308, 1974.

29. FREUD, S. *A Sexualidade na Etiologia das Neuroses (1898)*. Rio de Janeiro: Imago, p. 308-309, 1974.

30. FREUD, S. *A Interpretação dos Sonhos (1900)*. Rio de Janeiro: Imago, p. XLI, 1974.

31. BREUER, J. & FREUD, S. *Estudos sobre a Histeria (1893-1895)*. Rio de Janeiro: Imago, p. 113, 1974.

32. FREUD, S. *Projeto para uma Psicologia Científica (1895)*. Rio de Janeiro: Imago, p.443, 1974.

33. FREUD, S. *Projeto para uma Psicologia Científica (1895)*. Rio de Janeiro: Imago, p. 446-447, 1974.

34. FREUD, S. *Projeto para uma Psicologia Científica (1895)*. Rio de Janeiro: Imago, p. 448, 1974.

35. FREUD, S. *Extratos dos documentos dirigidos a Fliess (1892-1899)*. Rio de Janeiro: Imago, p. 316-317, 1974.

36. FREUD, S. *Extratos dos documentos dirigidos a Fliess (1892-1899)*. Rio de Janeiro: Imago, p. 349, 1974.

37. FREUD, S. *Extratos dos documentos dirigidos a Fliess (1892-1899)*. Rio de Janeiro: Imago, p. 358-359, 1974.

38. FREUD, S. *A Interpretação dos Sonhos (1900)*. Rio de Janeiro: Imago, p. XXXIV, 1974.

39. FREUD, S. *A Interpretação dos Sonhos (1900)*. Rio de Janeiro: Imago, p. 1, 1974.

40. FREUD, S. *A Interpretação dos Sonhos (1900)*. Rio de Janeiro: Imago, p. 108, 1974.

41. FREUD, S. *A Interpretação dos Sonhos (1900)*. Rio de Janeiro: Imago, p. 131, 1974.

42. FREUD, S. *A Interpretação dos Sonhos (1900)*. Rio de Janeiro: Imago, p. 144, 1974.

43. FREUD, S. *A Interpretação dos Sonhos (1900)*. Rio de Janeiro: Imago, p. 153-154, 1974.

44. FREUD, S. *A Interpretação dos Sonhos (1900)*. Rio de Janeiro: Imago, p. 155, 1974.

45. FREUD, S. *A Interpretação dos Sonhos (1900)*. Rio de Janeiro: Imago, p. 187, 1974.

46. FREUD, S. *A Interpretação dos Sonhos (1900)*. Rio de Janeiro: Imago, p. 188, 1974.

47. FREUD, S. *A Interpretação dos Sonhos (1900)*. Rio de Janeiro: Imago, p. 202, 1974.

48. FREUD, S. *A Interpretação dos Sonhos (1900)*. Rio de Janeiro: Imago, p. 232, 1974.

49. FREUD, S. *A Interpretação dos Sonhos (1900)*. Rio de Janeiro: Imago, p. 265, 1974.

50. FREUD, S. *A Interpretação dos Sonhos (1900)*. Rio de Janeiro: Imago, p. 271, 1974.

51. FREUD, S. *A Interpretação dos Sonhos (1900)*. Rio de Janeiro: Imago, p. 276, 1974.

52. FREUD, S. *A Interpretação dos Sonhos (1900)*. Rio de Janeiro: Imago, p. 303, 1974.

53. FREUD, S. *A Interpretação dos Sonhos (1900)*. Rio de Janeiro: Imago, p. 328, 1974.

54. FREUD, S. *A Interpretação dos Sonhos (1900)*. Rio de Janeiro: Imago, p. 492, 1974.

55. FREUD, S. *A Interpretação dos Sonhos (1900)*. Rio de Janeiro: Imago, p. 493, 1974.

56. FREUD, S. *A Interpretação dos Sonhos (1900)*. Rio de Janeiro: Imago, p. 544-545, 1974.

57. FREUD, S. *A Interpretação dos Sonhos (1900)*. Rio de Janeiro: Imago, p. 561, 1974.

58. FREUD, S. *A Interpretação dos Sonhos (1900)*. Rio de Janeiro: Imago, p. 565, 1974.

59. FREUD, S. *A Interpretação dos Sonhos (1900)*. Rio de Janeiro: Imago, p. 575, 1974.

60. FREUD, S. *A Interpretação dos Sonhos (1900)*. Rio de Janeiro: Imago, p. 575-576, 1974.

61. FREUD, S. *A Interpretação dos Sonhos (1900)*. Rio de Janeiro: Imago, p. 584, 1974.

62. FREUD, S. *A Interpretação dos Sonhos (1900)*. Rio de Janeiro: Imago, p. 589, 1974.

63. FREUD, S. *A Interpretação dos Sonhos (1900)*. Rio de Janeiro: Imago, p. 589, 1974.

64. FREUD, S. *A Interpretação dos Sonhos (1900)*. Rio de Janeiro: Imago, p. 603, 1974.

65. FREUD, S. *A Interpretação dos Sonhos (1900)*. Rio de Janeiro: Imago, p. 603-604, 1974.

66. FREUD, S. *A Interpretação dos Sonhos (1900)*. Rio de Janeiro: Imago, p. 615, 1974.

67. FREUD, S. *A Interpretação dos Sonhos (1900)*. Rio de Janeiro: Imago, p. 617, 1974.

68. FREUD, S. *A Interpretação dos Sonhos (1900)*. Rio de Janeiro: Imago, p. 637, 1974.

69. FREUD, S. *A Interpretação dos Sonhos (1900)*. Rio de Janeiro: Imago, p. 638, 1974.

70. FREUD, S. *A Interpretação dos Sonhos (1900)*. Rio de Janeiro: Imago, p. 638-639, 1974.

71. FREUD, S. *A Interpretação dos Sonhos (1900)*. Rio de Janeiro: Imago, p. 653, 1974.

BIBLIOGRAFIA

AMERICAN PSYCHIATRIC ASSOCIATION. *Manual de Diagnóstico e Estatística de Distúrbios Mentais III*. Edição Revista (DSM-IIIR). São Paulo: Manole, 1989.

ARIÉS, P. & DUBY, G. (org.). *História da Vida Privada*. São Paulo: Cia. das Letras, vol. I, 1990.

_____. *História da Vida Privada*. São Paulo: Cia. das Letras, vol. II, 1991.

_____. *História da Vida Privada*. São Paulo: Cia. das Letras, vol. III, 1991.

_____. *História da Vida Privada*. São Paulo: Cia. das Letras, vol. IV, 1991.

_____. *História da Vida Privada*. São Paulo: Cia. das Letras, vol. V, 1992.

ASSOUN, P. L. *Freud e a Mulher*. Rio de Janeiro: Zahar, 1993.

BERLINK, M. T. *Psicanálise da Clínica Cotidiana*. São Paulo: Escuta, 1998.

BERMAN, M. *Tudo que é Sólido Desmancha no Ar- A Aventura da Modernidade*. São Paulo: Cia. das Letras, 1987.

BIRMAN, J. *Ensaios de Teoria Psicanalítica (Parte I)*. Rio de Janeiro: Zahar, 1993.

BLAKE, W. *O Matrimônio do Céu e do Inferno/ O Livro de Thel*. São Paulo: Iluminuras, 1987.

CAZETO, S. J. *Da Possessão Divina à Segunda Natureza do Homem – Uma Contribuição à Genealogia do Inconsciente*. Dissertação de Mestrado, Programa de Psicologia Clínica, PUC/SP, 1993.

CELES, L. A. M. *A Novidade da Concepção de Sujeito na Psicanálise e sua Oposição ao Sujeito na Psicologia*. Dissertação de Mestrado, Instituto de Ciências Biológicas – Departamento de Psicologia, UNB, Brasília, 1984.

CLAVEL, J. *A Ordem Médica.* São Paulo: Brasiliense, s/d.

EY, H., BERNARD, P. & BRISSET, C. *Manual de Psiquiatria.* São Paulo: Masson do Brasil, 1978.

FENICHEL, O. *Teoria Psicanalítica das Neuroses.* Rio de Janeiro/São Paulo: Atheneu, 1981.

FIGUEIREDO, L. C. *A Invenção do Psicológico: Quatro Séculos de Subjetivação (1500-1900).* São Paulo: Escuta/Educ, 1992.

FLAHERTY, CHANNON & DAVIS. *Psiquiatria: Diagnóstico e Tratamento.* Porto Alegre: Artes Médicas, 1990.

FOUCALT, M. *Doença Mental e Psicologia.* Rio de Janeiro: Tempo Brasileiro, 1975.

_____. *História da Loucura.* São Paulo, Perspectiva, 1978.

_____. *História da Sexualidade – A Vontade de Saber.* 8ª ed., Rio de Janeiro: Graal, vol. I, 1985.

FREUD, S. Relatórios sobre meus Estudos em Paris e Berlim (1885). In: *Ed. Standart das Obras Psicológicas de S. Freud.* Rio de Janeiro: Imago, 1974.

FREUD, S. Relatórios sobre meus Estudos em Paris e Berlim (1885). In: *Ed. Standart das Obras Psicológicas de S. Freud.* Rio de Janeiro: Imago, 1974.

FREUD, S. Um Caso de Cura pelo Hipnotismo – Com alguns Comentários sobre a Origem dos Sintomas Histéricos através de 'Contravontade' (1892). In: *Ed. Standart das Obras Psicológicas de S. Freud.* Rio de Janeiro: Imago, 1974.

FREUD, S. Extratos dos Documentos dirigidos a Fliess (1892-1899). In: *Ed. Standart das Obras Psicológicas de S. Freud.* Rio de Janeiro: Imago, 1974.

_____. Alguns Pontos para um Estudo Comparativo das paralisias Motoras Orgânicas e Histéricas (1893). In: *Ed. Standart das Obras Psicológicas de S. Freud.* Rio de Janeiro: Imago, 1974.

_____. Estudos sobre a Histeria (1893-1895). In: *Ed. Standart das Obras Psicológicas de S. Freud.* Rio de Janeiro: Imago, 1974.

_____. As Neuropsicoses de Defesa (1894). In: *Ed. Standart das Obras Psicológicas de S. Freud.* Rio de Janeiro: Imago, 1974.

FREUD, S. Projeto para uma Psicologia Científica (1895). In: *Ed. Standart das Obras Psicológicas de S. Freud.* Rio de Janeiro: Imago, 1974.

_____. Hereditariedade e a Etiologia das Neuroses (1896). In: *Ed. Standart das Obras Psicológicas de S. Freud.* Rio de Janeiro: Imago, 1974.

_____. A Etiologia da Histeria (1896). In: *Ed. Standart das Obras Psicológicas de S. Freud.* Rio de Janeiro: Imago, 1974.

_____. A Sexualidade na Etiologia das Neuroses (1898). In: *Ed. Standart das Obras Psicológicas de S. Freud.* Rio de Janeiro: Imago, 1974.

_____. A Interpretação dos Sonhos (1900). In: *Ed. Standart das Obras Psicológicas de S. Freud.* Rio de Janeiro: Imago, 1974.

_____. Um Estudo Autobiográfico (1925). In: *Ed. Standart das Obras Psicológicas de S. Freud.* Rio de Janeiro: Imago, 1974.

GARCIA-ROZA. L. A. *Freud e o Inconsciente.* Rio de Janeiro: Zahar, 1987.

_____. O Vazio e a Falta - A Questão do Sujeito na Psicanálise. In: Ropa, Daniela (coord.). *Anuário Brasileiro de Psicanálise.* Rio de Janeiro: Relume Dumará, vol. I, n° 1, 1991.

FREUD, S. *Introdução à Metapsicologia Freudiana (2) – A Interpretação do Sonho (1900).* Rio de Janeiro: Zahar, 1993.

GAY, P. *Freud – Uma Vida para Nosso Tempo.* São Paulo: Cia. das Letras, 1991.

_____. *A Experiência Burguesa - Da Rainha Vitória a Freud.* São Paulo: Cia. das Letras. vol. II, 1990.

GOETHE, J. W. *Fausto.* Rio de Janeiro: Tecnoprint, 1984.

GOMBRICH, E. H. *História da Arte.* 4ª ed., Rio de Janeiro: Zahar, 1985.

ISRAEL, L. *El Goce de la Histérica.* Buenos Aires: Biblioteca de Psicoanálisis/ 3ª ed. Argonauta Barcelona, 1979.

JONES, E. *A Vida e a Obra de Sigmund Freud.* Rio de Janeiro: Imago, 3 volumes, 1989.

JORGE, M. A. C. *Introdução da Edição Brasileira de "A Ordem Médica", de J. Clavel.* São Paulo: Brasiliense, s/d.

KAPLAN & SADOCK. *Compêndio de Psiquiatria Dinâmica.* 1ª e 3ª eds., Porto Alegre: Artes Médicas, 1984 e 1986.

KNOBLOCH, F. (Org.). *O Inconsciente (Várias Leituras).* São Paulo: Escuta, 1991.

LAPLANCHE, J. & PONTALIS, J. B. *Vocabulário da Psicanálise.* 5ª ed., São Paulo: Martins Fontes, s/d.

MANDROU, R. *Magistrados e Feiticeiros na França do Século XVIII.* São Paulo: Perspectiva, 1979.

MELMAN, C. *Novos Estudos sobre a Histeria.* Porto Alegre: Artes Médicas, 1985.

MEZAN, R. *Freud: A Trama dos Conceitos.* São Paulo: Perspectiva, 1989.

_____. *Freud: Pensador da Cultura.* São Paulo: Brasiliense, 1985.

_____. *Aspectos da História da Psicanálise I.* Aulas proferidas no Núcleo de Psicanálise do Programa de Estudos Pós-Graduados em Psicologia Clínica PUC/SP, 2° Sem./1990. Mimeo.

MONAZAMI, L. R. *Freud: O Movimento de um Pensamento.* Campinas: Ed. UNICAMP, 1989.

MOURA, A. A Política do Sujeito. In: Baptista, L. A. S. (Org.). *Anuário do Laboratório de Subjetividade e Política.* Ano I, vol. I, Departamento de Psicologia UFF, 1992.

MUELLER, F. L. *História da Psicologia.* São Paulo: Nacional, 1978.

NASIO, J. D. *A Histeria – Teoria e Clínica Psicanalítica.* Rio de Janeiro: Zahar, 1991.

PAIM, I. *Tratado de Clínica Psiquiátrica.* 2° ed., São Paulo: Ciências Humanas, 1980.

PEIXOTO Jr. C. A. O. O Inconsciente, a Linguagem e o Sujeito. In: Birman, Joel (Coord.). *Boletim Mestrado em Teoria Psicanalítica.* Ano II, vol. II, n° 3, 2° Sem. 1989, Instituto de Psicologia da UFRJ, 1989.

SCHORSKE, C. E. *Viena Fin-de-Siècle (Política e Cultura)*. São Paulo: Ed. UNICAMP/Cia. das Letras, 1990.

TEIXEIRA, L. *Ensaio sobre a Moral de Descartes*. Tese de Livre Docência da FFCL/USP, 1968.

TRILLAT, E. *História da Histeria*. São Paulo: Escuta, 1991.

VIDERMAN, S. *A Construção do Espaço Analítico*. São Paulo: Escuta, 1990.

VIEIRA, M. *Sujeito em Linguística e em Psicologia*. Dissertação de Mestrado, PUC/RJ, 1976.

WEBER, E. *França – Fin-de-Siècle*. São Paulo: Cia. das Letras, 1989.

WILSON, E. *O Castelo de Axel (Estudo sobre a Literatura Imaginativa de 1870 a 1930)*. São Paulo: Cultrix, 1985.